빛깔있는 책들 103-12

괘불

글, 사진/윤열수

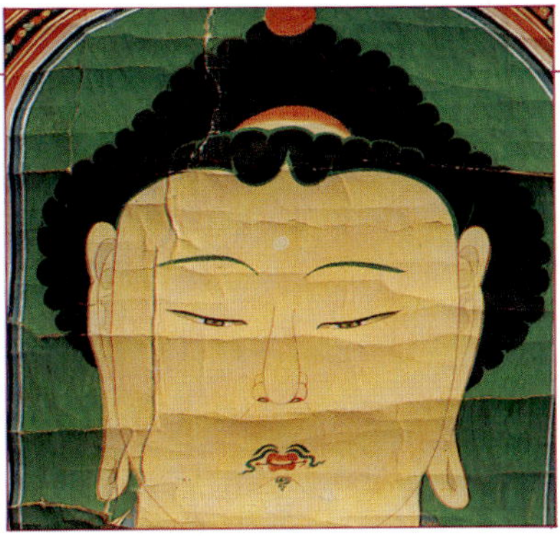

대원사

괘불

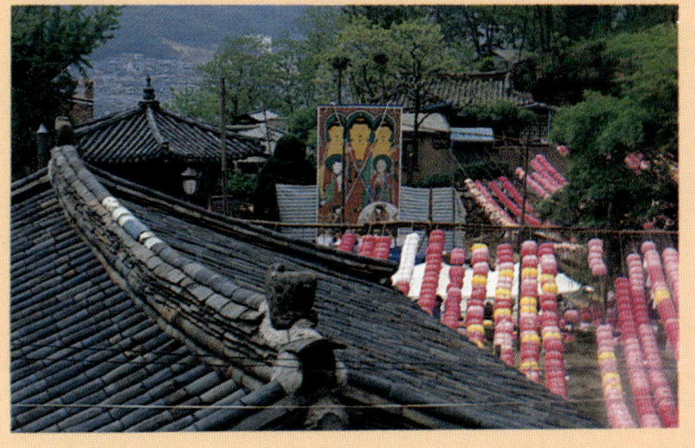

윤열수

원광대학 졸업, 동국대학교 사학과 대학원에서 불교미술사를 전공하였다. 동대학 미술과 강사이며, 에밀레 박물관 학예연구원을 거쳐 삼성출판사 박물관 학예연구원이다. 저서로 「한국의 호랑이」「통도사의 불화」가 있다.

빛깔있는 책들 103-12

괘불

괘불(掛佛)의 의의(意義)	8
괘불 탱화	8
괘불의 역사	10
티벳과 몽고의 괘불	13
괘불의 성격과 양식	15
괘불 제작과 헌괘(獻掛)	22
괘불 석주	22
괘불대	24
괘불함	26
괘불문	28
제작 장소와 제작 과정	29
이운 의식(移運儀式)과 헌괘	34
괘불의 유형	38
죽림사 괘불	38
칠장사 괘불	43
화엄사 괘불	54
통도사 괘불	85
금어(金魚) 의겸 비구	103
부록/조선시대 괘불탱화기명	111

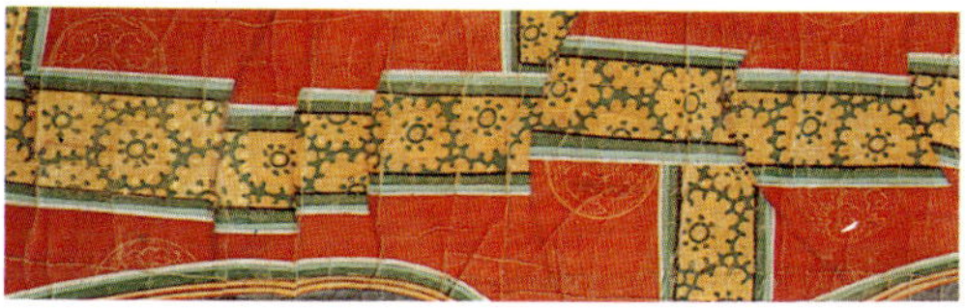

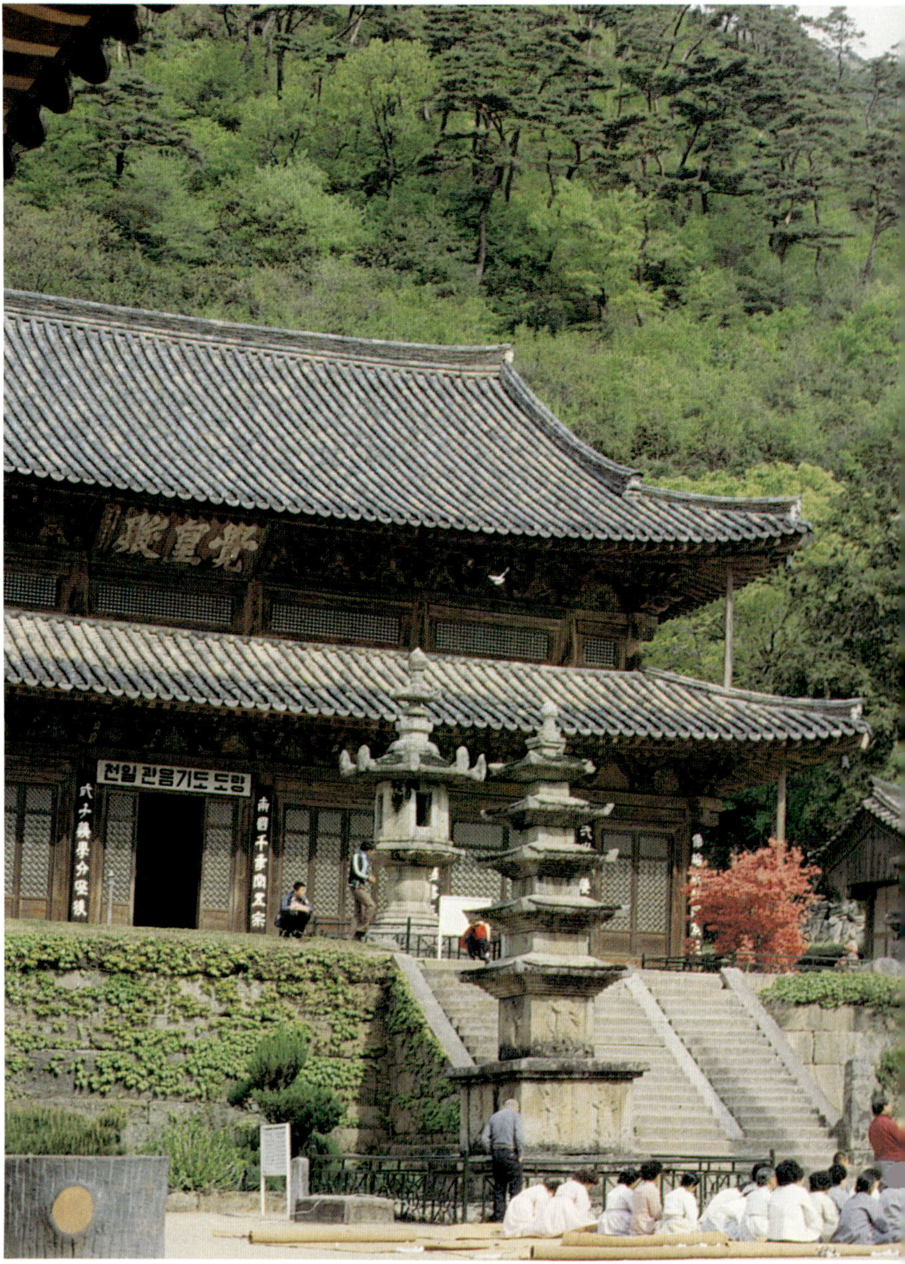
覺皇殿
천일 관음기도 도량

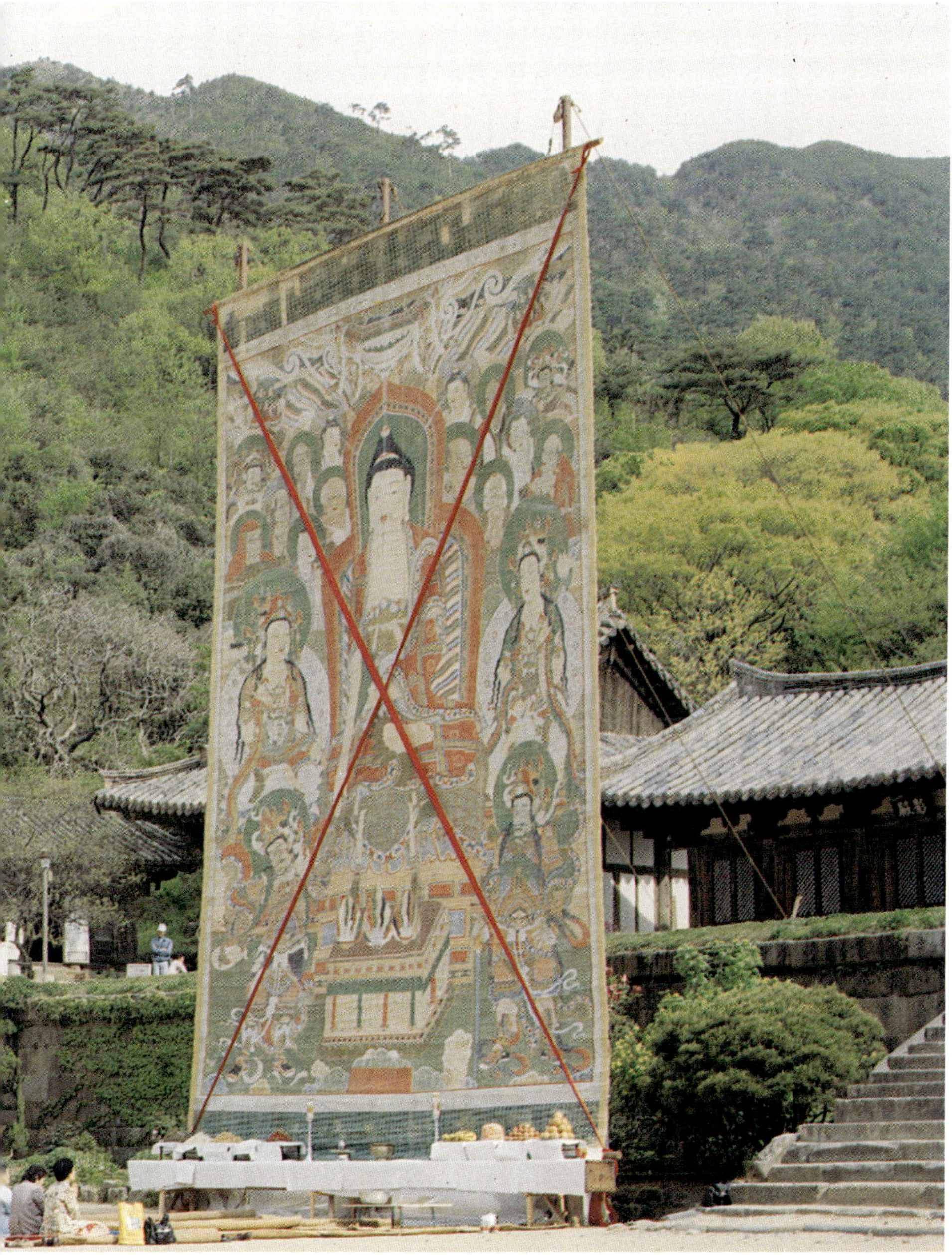

화엄사 괘불 탱화

괘불(掛佛)의 의의(意義)

괘불 탱화

불교와 함께 전해진 불교 미술 가운데 불화는 중국 육조(六朝)의 양식이 전해지면서 수용, 발전되었다. 불화의 종류로는 벽화(壁畫), 탱화(幀畫), 경화(經畵), 판화(板畵) 등이 있다. 특히 고려시대에는 '사경원'과 '금자원'이 설치되어 금, 은자(金銀字)의 사경(寫經)과 함께 호화스러운 불화의 제작이 활발하게 이루어져 불교 미술의 꽃을 피웠다. 조선시대에는 고려시대와는 달리 불교가 탄압을 받았다. 그러나 왕실 내지 양반층의 일부에서는 여전히 불교가 신봉되었으며, 세조(世祖)와 명종(明宗)대에는 한때 불교가 부흥하기도 하였다.

고대부터 뿌리가 깊은 불교는 탄압 속에서도 명맥을 유지하다가 임진왜란과 병자호란 이후 불교 문화의 새로운 부흥기를 맞이하여 수많은 사원들이 복원, 중수되면서 많은 불화들이 조선시대의 독특한 특색을 지니고 제작되었다. 괘불 탱화도 그 시대를 같이 하여 대량 제작되었다.

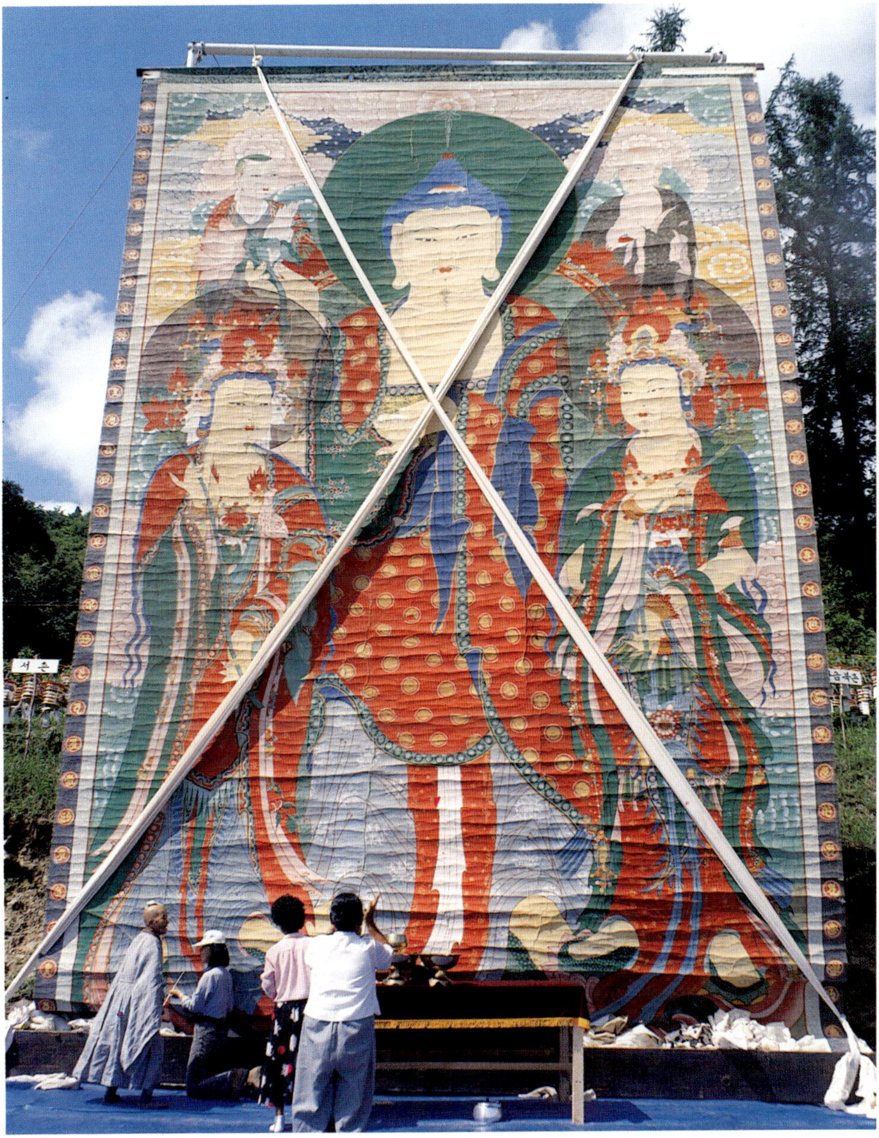

예천 용문사 괘불 탱화 1705년에 제작된 용문사의 괘불 탱화는 보존 상태가 좋아 요즘도 큰 행사에는 야외 법단에 모신다.

괘불은 국가에 천재지변이 생겼을 때나 기우제(祈雨祭), 영산재(靈山齋), 예수재(豫修齋), 수륙재(水陸齋) 같은 신도들이 야외에서 9쪽 사진 큰 법회나 의식을 할 때 모시는 신앙의 대상물이다. 따라서 괘불은 다른 불화와는 달리 크기가 상당한데, 큰 것은 높이 15미터, 폭 10미터나 되는 대형으로 1만 호(號)가 넘는다. 단일 화면의 크기나 화필의 우수성으로 보아 불교 회화의 대표격으로 한국 회화사에서는 물론 가히 세계적인 자랑거리로 비장된 보물이라고 해도 좋을 것이다. 그러나 아직은 조사와 발표가 매우 미진한 상태이다.

현재 우리나라 사찰에는 백여 점 이상의 괘불이 비장되어 있는 것으로 추정되는데, 실제로 행사 때에 사용되거나 조사가 가능한 괘불은 몇 십 점에 불과하다. 괘불을 내어 모시는 데는 그 무게가 무거워 장정 10명 내지 20명의 인력이 필요하다. 또 괘불 석주나 괘불대가 있어야 하고, 날씨 또한 쾌청해야만 가능하다. 어떤 사찰에서는 괘불을 걸거나 움직이면 반드시 경내에서 스님이 죽거나 재앙이 뒤따른다고 하여 운반을 금지하는 곳도 있다. 또한 큰 행사에만 모시므로 조사 기간이 오래 걸린다.

괘불을 조사해 보면 화기(畵記)에 제작 시대와 작가가 확실하게 기록되어 있어 이를 토대로 회화사 연구는 물론 종교 의례, 국어학, 민속, 설화, 직물, 목공예, 표구 공예를 연구하는 데도 도움이 된다.

괘불의 역사

신라 때 화가 솔거(率居)는 경주 황룡사 벽에 노송을 그렸는데 까마귀, 참새, 제비 등이 날아들다 떨어지곤 하였으나, 세월이 흘러 단청으로 보충하였더니 새들이 다시 오지 않았다는 이야기가 「삼국사기」에 전해진다.

괘불에 관한 전설 가운데 대표적인 것으로는 상주 북장사에 전해오는 것인데, 그 내용은 다음과 같다.

> 큰 탱화를 제작할 계획을 갖고 있던 절에 어느 날 당나라에서 왔다는 스님 한 분이 나타났다. 스님은 3일 동안 법당에서 탱화를 그릴 것이니 절대 잡인 출입을 금할 것이며, 들여다보지도 말도록 타이르고 법당 안으로 들어갔다. 그런데 사흘째 되던 날, 마당을 쓸고 있던 동자승이 궁금하고 기이한 생각이 들어 참다못해 살그머니 문을 열고 법당 안을 들여다보았다. 그때 스님은 보이지 않고 파랑새 한 마리가 입에 붓을 물고 그림을 그리고 있었다. 그림을 그리던 파랑새는 놀라 문틈을 통하여 하늘로 날아가 버렸다. 따라서 마지막 못다 그린 오른손은 지금까지도 미완성으로 남아 있다.

괘불에 관한 정확한 기록이 없어 언제부터 시작되었는지 알 수 없으며, 이와 같은 설화만으로는 그 시기를 추정하기가 매우 어려운 일이다. 우리나라 외에 괘불을 사용하는 나라로는 티벳과 몽고를 들 수 있는데, 이 지역에서는 아플리케(appliqué) 또는 수를 놓은 괘불을 사용하고 있다.

「삼국유사」 기이(紀異) 권2 '문무왕(文武王) 법민조(法敏條)'에 보면 다음과 같은 기록이 있다.

> 무진년(668)에 당나라 군사가 신라를 습격하려고 하자 임금이 명랑(明朗) 법사를 불러 물어 보니 채백(彩帛)으로써 절을 임시로 만들면 될 것이라 하였다. 이에 채백으로써 절을 짓고 풀(草)로 오방의 신상을 만들고 유가(瑜伽)의 명승 열두 분을 모시고 명랑

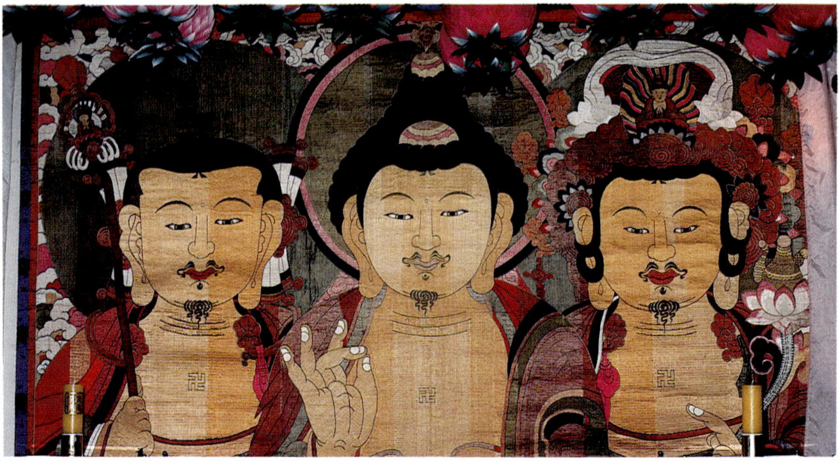
지장암 자수 괘불 탱화(부분) 1924년에 제작된 수를 놓아 만든 괘불 탱화이다.

을 우두머리로 삼아 문두루(文豆婁)의 비밀법을 쓰게 했다. 그랬더니 접전하기도 전에 바람과 물결이 사납게 일어나 당나라 배가 모두 침몰되었다.그 후 절을 고쳐 짓고 사천왕사라 하였다.

여기서 채백으로써 절을 지었다는 내용으로 보아 아마도 불화나 괘불을 걸은 것이 아닌가 짐작된다. 고려시대나 조선시대 전기에 불화를 제작하였다는 기록은 찾아볼 수 있지만, 괘불에 관한 내용은 아직 찾지 못했다. 특히 조선의 배불 숭유(排佛崇儒) 정책과 임진, 병자의 전란으로 인한 피해가 극심하여 대형의 괘불이 제작되기는 어려웠을 것이다.

현재 조사된 37점 가운데 가장 오랜 것으로는 나주 죽림사 괘불이 1623년에 제작된 것으로 나타났다. 이로써 괘불이 제작되기 시작한 시기를 추정할 수는 없지만, 현재 남아 있는 작품의 제작 연대로 보아 17, 18세기에 괘불의 제작이 활발했던 것으로 본다.

티벳과 몽고의 괘불

티벳에서는 괘불을 당카(Thangkas)라고 부르며 매년 음력 4월 15일과 석가탄신일이나 성도일(成道日), 열반일(涅槃日)에 큰 축제를 열고 이 때 당카를 내어 모신다.

아플리케된 대형 수불(繡佛)을 소장하고 있는 사원들이 많은데 어떤 것은 크기가 4, 50미터에 달한다. 석가모니 부처를 주존으로 하지만 때로는 성인이나 각 종파의 교주 등의 인물이 그려지기도 한다.

우리나라와는 달리 괘불대를 사용하지 않고 높은 담이나 벽에 걸거나, 비탈진 언덕에 펼쳐 놓고 많은 사람들이 멀리서도 볼 수 있도록 하여 소원을 빌거나 예배를 드린다. 연중 행사로 내어 모시

티벳 괘불

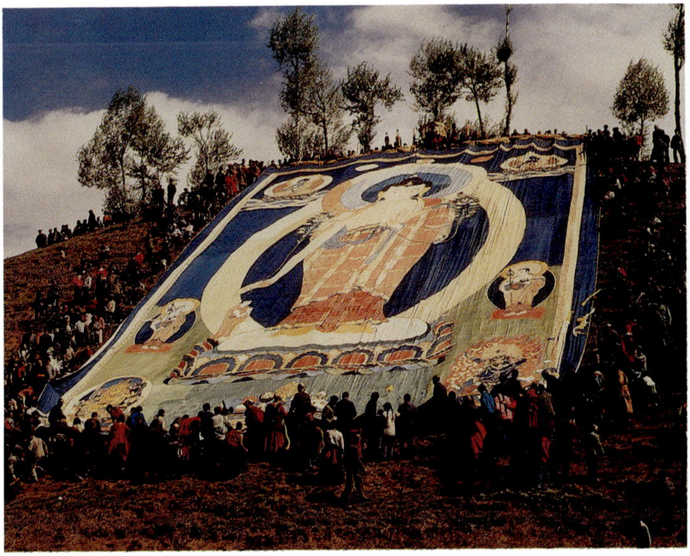

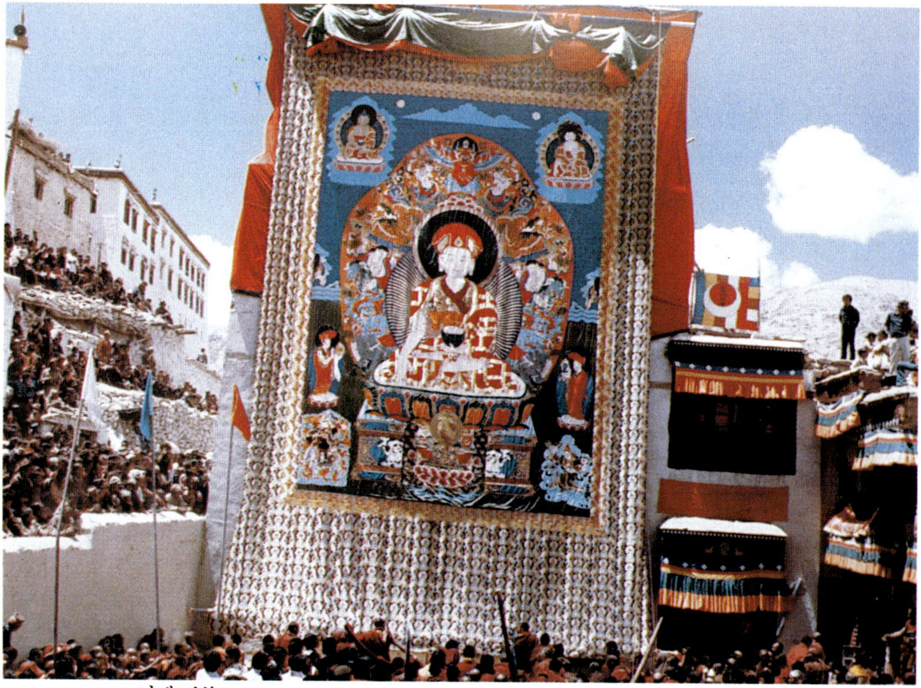

티벳 괘불

는 것을 '거불(巨佛) 햇볕쬐기'라고 하며, 부처님이 현세에 나타나서 고통을 덜어 주는 날이라고 믿고 있다.

고원 지대에서 농업과 목축업에 종사하는 유목민들은 사원이 문화의 중심지인데 축제일에는 수많은 사람들이 모여든다. 이 날은 만남의 즐거움과 살아가는 데 필요한 정보도 교환하는 것이 하나의 풍속이다.

몽고 지방에서도 아플리케된 수불의 형태는 같지만, 괘불대를 이용하여 괘불을 높이 세워 걸고 가면을 쓴 스님들이 춤 추는 장면은 특이하다.

괘불의 성격과 양식

괘불은 원래 행하고자 하는 법회나 재(齋)의 성격과 의식의 종류에 따라 거기에 알맞은 내용을 봉안하는 것이 원칙이다.

영축산(靈鷲山)에서 진리를 설법하는 석가모니 부처님을 모신다. 장수와 극락 정토를 기원하는 영산재에는 영산회상도(靈山會上圖)를 걸고, 죽은 뒤에 행할 불사를 살아 생전에 미리 지내는 예수재나, 물 속과 땅 위에 널려 있는 모든 외로운 원혼을 달래고 이들을 천도하는 수륙재에는 지장회상도(地藏會上圖)나 미륵불(彌勒佛)을 모시고 관음재일에는 관음보살을 모셔야 한다.

그러나 실제로 각 사찰에 모셔진 괘불들을 보면 성격에 맞는 여러 종류의 괘불을 모시지 못하고 있음을 알 수 있다. 한 점의 괘불을 모시고 갖가지 형태의 의식을 다 치르고 있다. 다만 행사의 종류에 따라 장엄용으로 사용되는 번(幡)이나 보살, 신장들의 종류가 약간씩 달라지기도 한다. 물론 한 사찰에 두 점의 괘불이 봉안되어 있는 경우에도 각기 성격이 다른 두 종류의 괘불이 아니라 같은 계열의 것이 봉안되어 있다. 안성 칠장사, 영주 부석사, 양산 통도사가 이같은 경우이다.

18, 19쪽 사진

조사에 의하면 성격에 따라 다양한 종류의 괘불이 모셔져 있는 것이 아니라, 크게 영산회상도와 보살상의 두 가지 형태로 구분되는데 대부분이 영산회상도이다. 이는 조선시대에 「법화경」 신앙이 크게 유행한 것에 기인하는 것이다. 그 중에서 석가모니 부처가 「법화경」을 설법한 영축산의 모임 장면을 그림으로 그린 영산회상도가 탱화 가운데 제일 많이 남아 있다. 조사된 37점의 괘불 탱화 가운데 26점이 영산회상도이고, 8점이 보살상, 2점이 아미타여래상이다.

이러한 통계는 나주 죽림사의 "괘불세존탱(掛佛世尊幀)", 예천

표1. 조선 후기 괘불 탱화

번호	제작 연대	사찰명	크기(미터)	소재지	기타
1	1622(天啓二年)	竹林寺	5.20×2.80	全南 羅州郡 南平面 楓林里	
2	1628(崇禎元年)	七長寺	6.73×4.21	京畿道 安城郡 二竹面 七長里	
3	1646(順治三年)	菩薩寺	7.80×4.85	忠北 忠州市 龍岩洞	忠北有形51號
4	1652(順治九年)	安心寺	7.56×4.68	忠北 清原郡 南二面 寺洞	
5	1650(順治七年)	甲　寺	10.20×6.30	忠南 公州郡 鷄龍面 中壯里	
6	1653(順治十年)	華嚴寺	12.00×8.10	全南 求禮郡 馬山面 黃田里	
7	1653(順治十年)	靈水庵	8.80×5.80	忠北 鎭川郡 草坪面 永九里	忠北有形44號
8	1682(康熙二十一年)	北長寺	12.00×8.00	慶北 尙州郡 內西面 北長里	
9	1682(康熙二十一年)	金堂寺	7.80×4.85	全北 鎭安郡 馬靈面 東村里	全北有形74號
10	1683(康熙二十二年)	道林寺	7.82×6.83	全南 谷城郡 谷城邑 月峰里	
11	1684(康熙二十三年)	龍興寺	11.70×8.00	慶北 尙州郡 尙州邑 智川里	
12	1684(康熙二十三年)	浮石寺	8.06×5.50	慶北 榮州郡 浮石面 北校里	
13	1695(康熙三十四年)	磧天寺	11.10×8.20	慶北 清道郡 清道 院里	
14	1700(康熙三十九年)	來蘇寺	10.50×8.17	全北 扶安郡 山內面 石浦里	
15	1705(康熙四十四年)	龍門寺	10.50×6.12	慶北 醴泉郡 龍門面 內地里	
16	1710(康熙四十九年)	七長寺	6.10×4.62	京畿道 安城郡 二竹面 七長里	
17	1722(康熙六十一年)	青谷寺	10.20×5.00	慶南 晋陽郡 琴山面 葛田里	慶南有形261號
18	1728(雍正六年)	安國寺	10.75×7.25	全北 茂朱郡 赤裳面 浦內里	全北有形20號
19	1730(雍正八年)	雲興寺	12.70×8.20	慶南 固城郡 下二面 龍里	慶南有形61號
20	1735(雍正十三年)	奉先寺	7.85×4.58	京畿道 楊州郡 榛接面 富平里	
21	1749(乾隆十四年)	開岩寺	14.00×9.00	全北 扶安郡 山內面 甘移里	
22	1745(乾隆十年)	浮石寺	8.56×6.00	慶北 榮州郡 浮石面 北校里	
23	1757(乾隆二十二年)	興國寺	13.00×5.60	全南 麗川郡 三日面 中興里	
24	1753(乾隆十八年)	仙岩寺	13.50×8.50	全南 昇州郡 雙岩面 竹鶴里	
25	1766(乾隆三十一年)	法住寺	14.05×6.50	忠北 報恩郡 俗離面 舍乃里	

26	1767(乾隆三十二年)	通度寺	11.65×4.93	慶南 梁山郡 下北面 芝山里	
27	1792(乾隆五十七年)	通度寺	11.65×5.58	慶南 梁山郡 下北面 芝山里	
28	1799(嘉慶四年)	雙鷄寺	15.00×7.50	慶南 河東郡 花開面 雲樹里	
29	1832(道光十二年)	興天寺	5.56×4.03	서울 城北區 敦岩洞	
30	1886(光緖十二年)	奉恩寺	6.10×4.45	서울 江南區 三城洞	
31	1889(光緖十五年)	香泉寺	8.12×5.40	忠南 禮山郡 禮山邑 香泉里	
32	1892(光緖十八年)	海印寺	9.16×4.57	慶南 陜川郡 伽倻面 緇仁里	
33	1897(光緖二十三年)	奉元寺	9.00×5.20	서울 西大門區 奉元洞	
34	1924(佛紀2951年)	地藏庵	5.50×4.25	서울 東大門區	
35		直指寺	13.28×5.28	慶北 金陵郡 代項面 雲水里	
36	1904(光緖三十年)	華溪寺	7.25×4.80	서울 道峰區 水踰洞	
37	1892(光緖十八年)	白蓮寺	10.00×5.00	서울 西大門區 弘恩洞	
38		修德寺		忠南 禮山郡 德山面 斜川里	

용문사의 "강희44년…회성영산회괘불일부(康熙四十四年…回成靈山會掛佛一部)", 안성 칠장사의 "강희49년…영산회괘불탱일부(康熙四十九年…靈山會掛佛幀一部)", 부안 내소사의 화면에 "영산교주석가모니불(靈山教主釋迦牟尼佛)", 무주 안국사 화면에 "영산교주석가모니불(靈山教主釋迦牟尼佛)", 부안 개암사 화면에 "건륭14년…영산괘불탱(乾隆拾肆年…靈山掛佛幀)", 승주 선암사의 "건륭18년…괘불영산교주석가모니불(乾隆十八年…掛佛靈山教主釋迦牟尼佛)", 서울 흥천사 괘불함 명문 "영산곽대시주(靈山廓大施主)" 등에서 확인할 수 있다.

괘불의 제작 시기별로는 1623년부터 1745년까지는 대부분이 영산회상도이며, 1759년부터 1800년까지는 보살상이 유행하였던

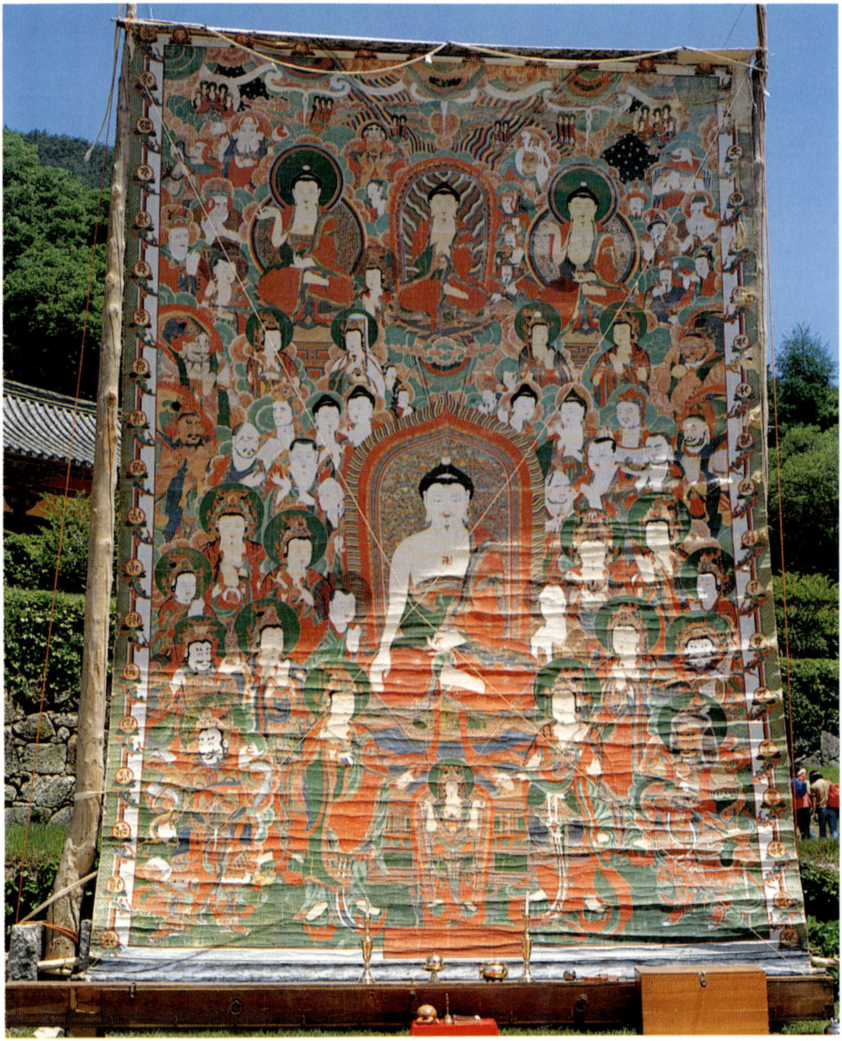

부석사 괘불 탱화 1745년에 제작된 부석사의 괘불 탱화는 현재 부석사에서 소장하고 있다.

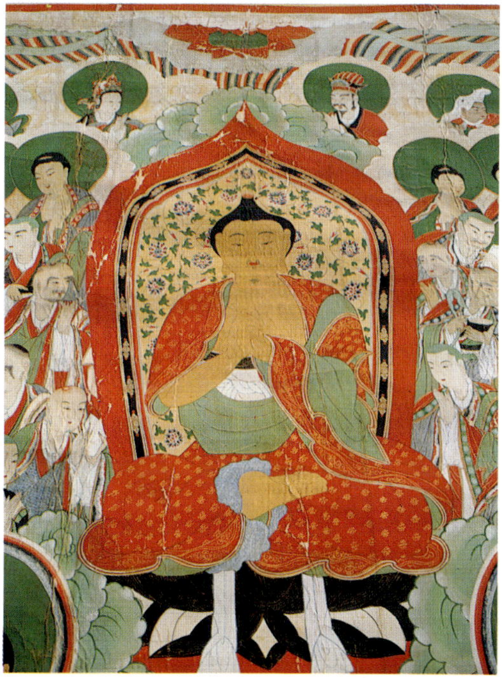

안성 칠장사 괘불 탱화(부분)
1628년에 제작된 괘불 탱화이다.

것 같고, 다시 1830년경부터는 영산회상도가 유행한다. 또한 영산회상도 가운데서도 1684년경까지는 주존이 결가부좌한 좌불의 형태가 많고, 그 이후는 대부분 입불이다. 좌불의 형태는 고려 불화에서 주종을 이루고 있는 2단 구도가 적용된 느낌을 주고 있다.

서울, 경기 지역에는 괘불의 수효가 적고 제작 연대도 떨어지는데 비하여 경상도나 전라도 지역에는 보다 집중적으로 남아 있다. 6·25 전쟁으로 인해 서울, 경기 지역의 괘불이 많이 소실된 것으로 생각된다.

영산회상도는 주존인 석가불을 중심으로 좌우 협시 보살이나 사천왕, 10대제자, 분신불 등이 철저한 좌우 대칭으로 복잡하게 화면을 가득 메우거나 오색 찬연한 꽃이나 구름 무늬가 보는 사람을

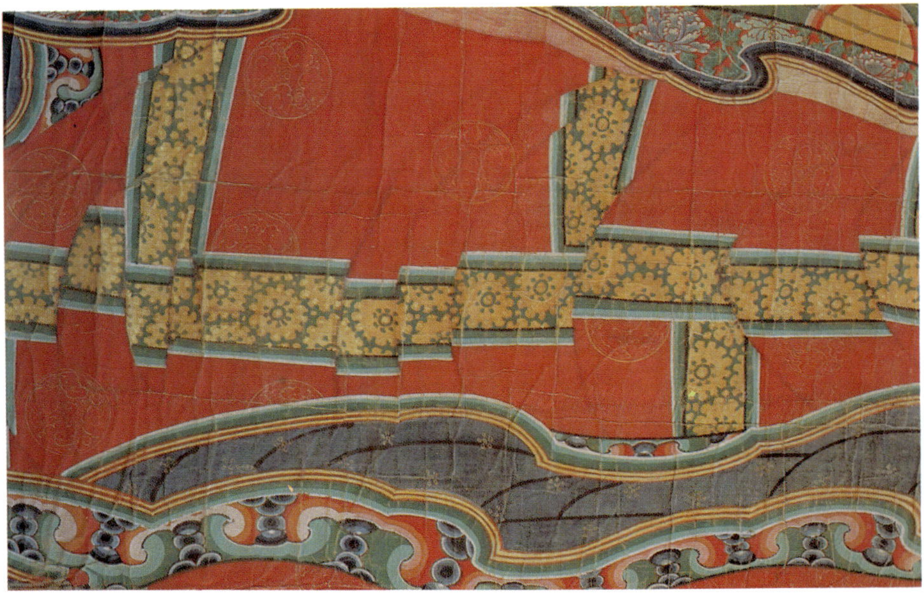

압도하고 있다.

시대가 내려오면서 좌우 인물들이 축소되고 화면 구성이 간략해진다. 따라서 상대적으로 주존불이 과대한 형태로 되면서, 일반적으로 조선시대의 불화에 나타나는 간결하면서도 장중한 느낌을 주고 있다.

대체로 조선시대 괘불의 색상은 밝고 화사한 홍색과 녹색을 기본 바탕으로 다양한 색채를 부드럽게 조화시켜 사용하며, 아름답고 섬세한 고려 불화 못지않게 웅장하면서도 고상한 맛이 있다. 그러나 지나치게 금색을 사용하여 호화스런 느낌을 주는 고려 불화와는 달리 금색을 제한하였던 조선시대에도 왕실에서 발원한 불화들은 예외였다.

고려시대와 조선시대의 불화의 차이는 구도나 색상보다 더 분명히 구별되는 것이 바로 옷이나 바탕에 나타나는 문양(紋樣)이다.

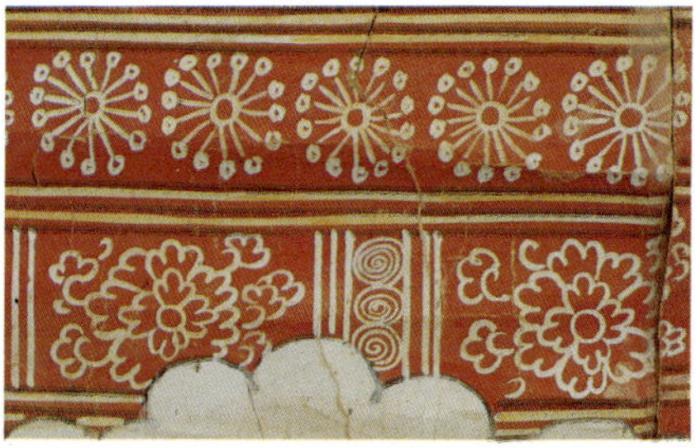

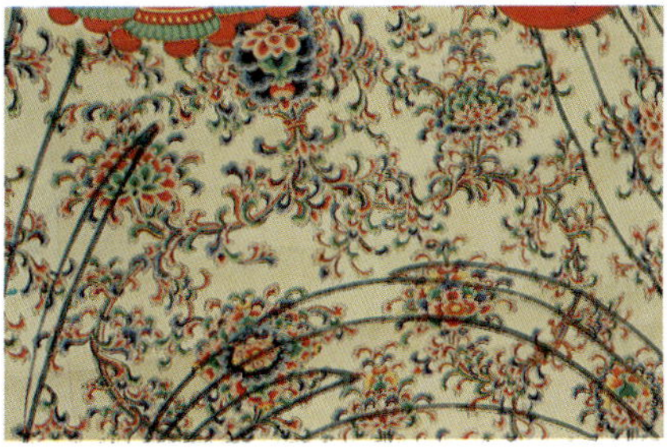

죽림사 괘불 탱화(부분) 화려한 옷 문양에 고려 불화의 영향이 남아 있다. 1623년.(왼쪽)
오른쪽 위는 불좌대의 부분으로 국화와 모란문이 단조로우면서도 안정감을 준다. 오른쪽 아래는 천에 베풀어진 화려한 무늬이다. 17, 18세기의 전형적인 꽃문양으로 복잡 다양한 모습으로 변모하고 있다.

특히 대형화된 화면에 걸맞게 장엄하고 위엄을 나타내는 갖가지의 문양들이 발달하였음을 알 수 있다. 고려 불화에서 불의(佛衣)의 문양에 대종을 이루던 보상당초문(寶相唐草紋)을 비롯하여 연화문, 국화문, 모란문, 초화문, 봉황문, 칠보문, 귀갑문 등이 단순하게 묘사되어 새로운 수법으로 변화되고 있다. 광배나 사각대좌, 바탕, 공간 화면 등이 기하학적으로 도식화된 특색을 띠고 있다. 이렇듯 괘불에서 보이는 각종 꽃무늬들은 조선시대의 분청사기, 청화백자, 목판화 등에도 나타나고 있어 문양 연구에도 중요한 대상이 되고 있다.

괘불 제작과 헌괘(獻掛)

괘불 석주(掛佛石柱)

전국 사찰의 대웅전이나 중심 법당 기단의 돌계단 입구 좌우에 두 쌍의 돌기둥이 서 있는 것을 흔히 볼 수 있다. 이는 괘불을 높이 걸 수 있도록 괘불대를 세우는 데 필요한 돌기둥인데 큰 것은 2미터가 넘고 작은 것은 60센티미터 정도이다. ▯▯ 형의 돌기둥에는 □ 또는 동그란 구멍이 2, 3개 뚫려 있다.

이 돌기둥 사이에 괘불대를 세우고 나무 쐐기를 박아 고정시킨다. 넘어지거나 바람에 움직이는 것을 막기 위함인데 아예 홈통처럼  형의 석주를 만들기도 한다. 수원 용주사, 서산 개심사, 설악산 월정사의 경우가 그렇다.

흔히 괘불 석주와 당간 지주를 혼동하는 경우가 있다. 당간(幢竿)은 보통 사찰 입구에 있으며, 사내의 특별한 행사 내용을 알리는 번이나 깃발을 달아매는 큰 돌기둥이다. 반면 괘불 석주는 법당 앞이나 마당에 있는 자그마한 두 쌍의 기둥이다.

괘불 석주에는 명문이나 조각이 새겨져 있는 것도 있다. 특히 여수 흥국사의 용 조각과 진주 청곡사의 호랑이 조각은 기법이 뛰어나며 입체감을 잘 나타내고 있다. 또한 시주자나 건립 연대 등을 적고 있는 명문은 부안 개암사, 여수 흥국사, 영천 은해사, 무주 안국사, 영암 도갑사, 안성 칠장사 등의 괘불 석주에 남아 있다.

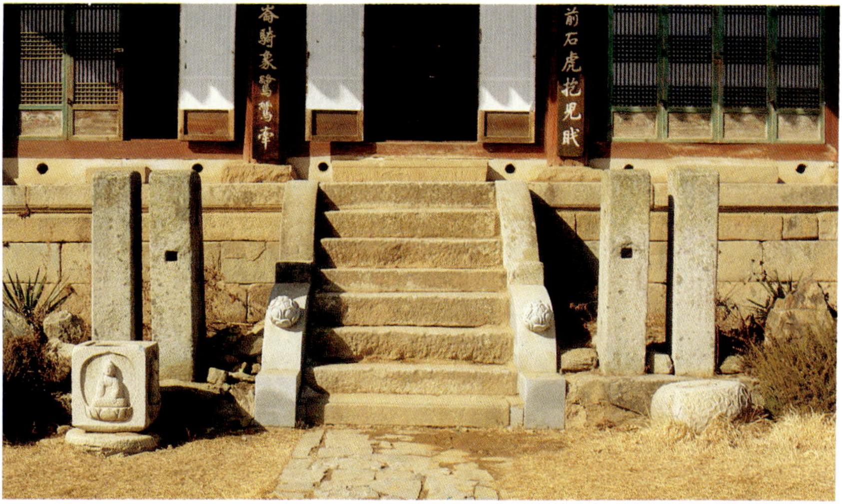

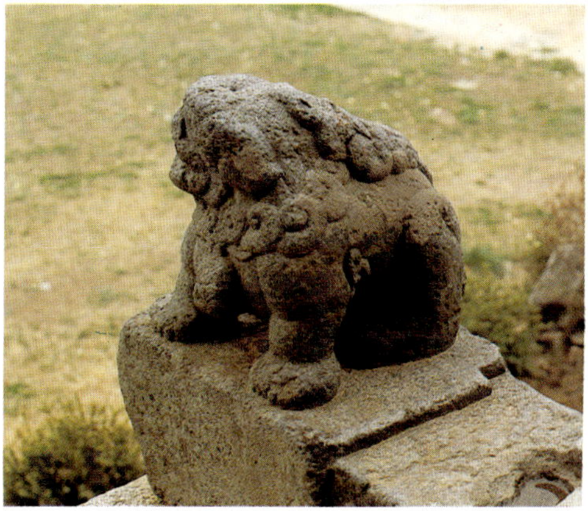

괘불 석주 안성 칠장사 대웅전 앞에 있는 괘불 석주이다.(위)
대웅전 축대 좌우의 석제 해태 괘불을 걸고 끈을 잡아맬 수 있도록 홈을 새겨 놓았다.(아래)

특히 안성 칠장사의 경우는 괘불을 동시에 두 곳에 걸 수 있도록 법당 앞과 마당의 오른쪽에 네 쌍의 석주가 있는데 각 면에 많은 23쪽 사진 명문이 새겨져 있다. 마멸이 심하여 판독이 어려우나 법당 앞 오른쪽 석주에 "竹山七長寺靈山會掛佛幀基石及幀作造成記 雍正三年乙巳二月日立物財大施主通政□□ □□大夫□□階大禪師八十長老坦明…"이라는 명문이 있다. 여기에서 괘불 석주의 명칭이 '괘불탱기석(掛佛幀基石)'으로도 불리며, 칠장사의 현존하는 영산회 괘불탱(康熙 四十九年, 1710)보다 15년 뒤(雍正 三年, 1725)에 제작된 석주인데도 시주자는 '탄명(坦明)'으로 동일인임을 알 수 있다. 그러나 현재 사역의 상황으로 미루어 좁은 경내에 어떤 이유로 두 벌의 석주를 세웠는지 궁금하다.

또한 괘불 석주의 명문 가운데는 무주 안국사 경우는 '대석(臺石)', 진주 청곡사는 '입석(立石)', 부안 개암사는 '석주(石柱)' 등으로 기록하고 있다.

괘불대(掛佛臺)

대웅전 뒤를 돌아가 보면 건물의 길이만한 긴 장대를 흔히 볼 수 있다. 이를 괘불대라고 하는데 괘불 석주에 고정시켜 괘불을 높이 걸 수 있도록 만든 것이다.

현재까지 조사된 괘불 가운데 높이가 가장 긴 것은 하동 쌍계사의 괘불로 15미터인데, 이를 거는 괘불대는 16.5미터나 된다. 재질은 일반적으로 소나무가 많다. 그러나 가늘고 곧게 자란 재목은 높이 10미터 내지 12미터 정도에 불과하다. 따라서 15미터 정도가 되려면 단일 목재로는 불가능하기 때문에 두 개의 기둥을 연결시켜야 한다. 곧 두 기둥 사이에 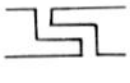 와 같은 이음새를 만들어 붙이고 몇

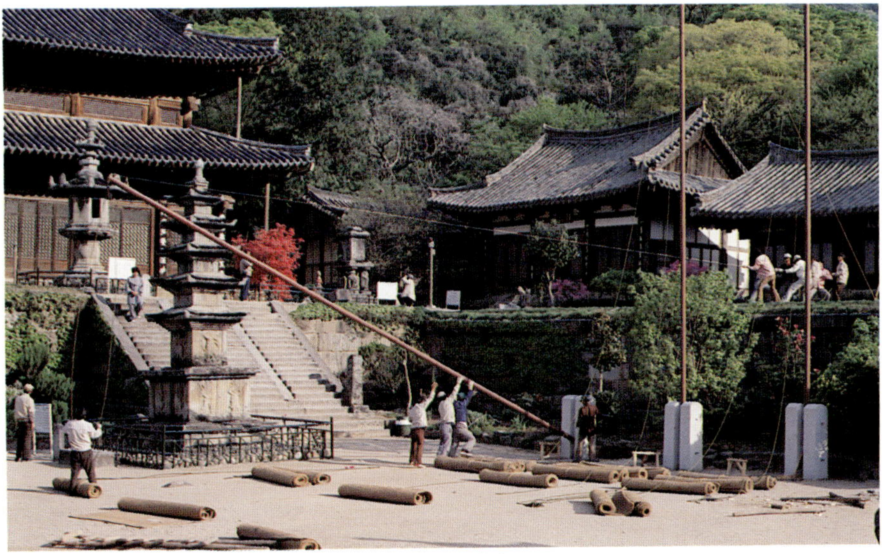

화엄사의 철제 괘불대 밧줄을 이용하여 뒤에서 잡아당긴다.

겹의 쇠고리를 끼워 단단하게 고정시켰다. 대구 동화사와 하동 쌍계사의 경우가 좋은 예이다.

괘불대의 아랫부분은 석주에 뚫린 몇 개의 구멍과 연결시켜 빗장을 끼울 수 있도록 하였고, 맨 윗부분은 무거운 괘불을 끌어올릴 수 있도록 도르래가 설치되어 있다. 도르래는 참나무, 박달나무, 쇠 등으로 만들며 상륜에 홈을 파서 고정시키거나 매달린 상태로 되어 있다. 26쪽 사진

괘불을 모시는 의식에서 괘불대를 세우는 일이 맨 처음이면서 또한 가장 힘들다. 괘불 석주가 없는 곳이나 기우제 등을 지내는 야외에서는 괘불대를 땅에 묻어 세우기도 한다. 보편적으로 괘불은 남아 있지만 석주나 괘불대가 없어 괘불을 모시지 못하는 곳도 많이 있다.

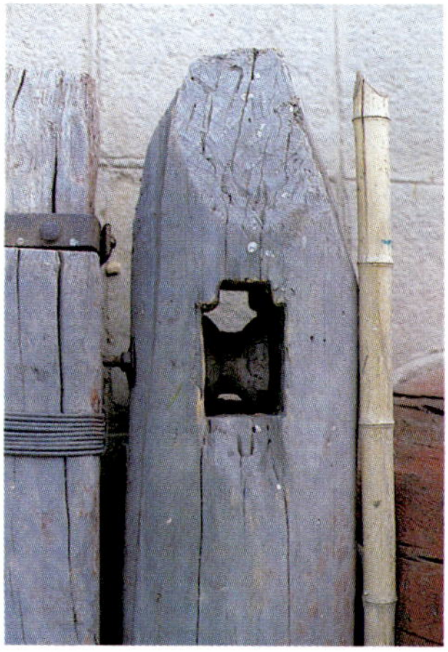

목제 괘불대의 윗부분 구멍을 파고 목제 도르래를 사용하여 괘불을 높이 올릴 수 있다.
목제 괘불대(아래)

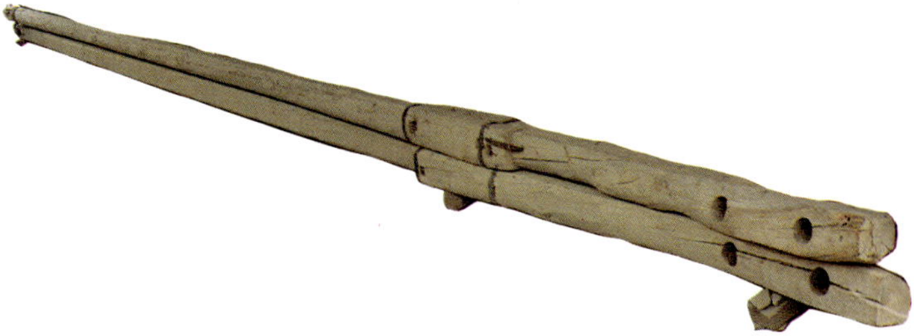

최근에는 많은 사찰에서 보관이나 운반이 손쉽도록 적당한 크기의 쇠파이프로 대용하여 괘불을 모시고 있는 경우가 많다. 구례 화엄사와 여수 흥국사가 대표적이다.

25쪽 사진

괘불함(掛佛函)

부처님을 사원 중심 건물인 법당의 제일 가운데 자리에 모시듯 야단법석(野壇法席)의 주존인 괘불을 보관하는 곳이 괘불함이다.

괘불궤(櫃), 괘불곽(廓)으로도 부르는데 쪽이나 옹이가 없는 네 개의 길다란 널판자를 사귀 물림하여 좌우를 막아 긴 사각형 모양으

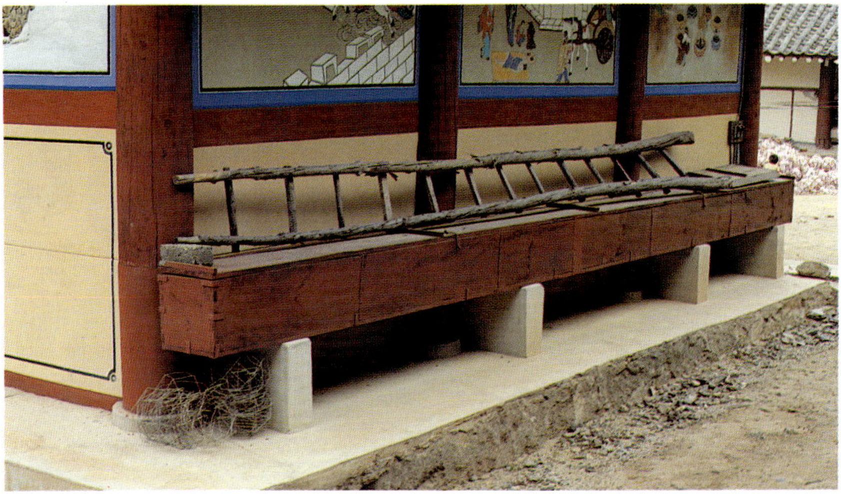

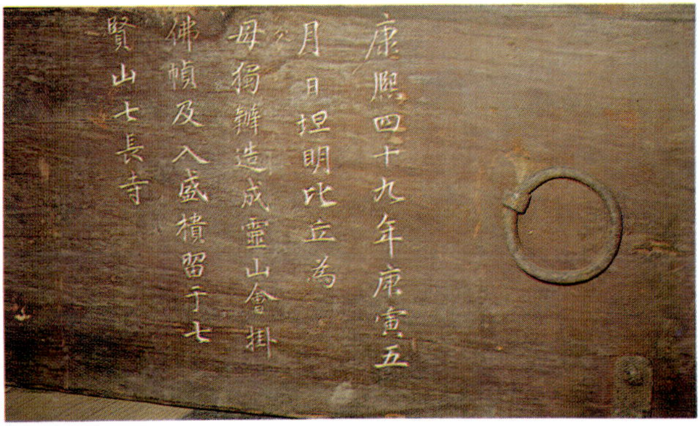

상주 북장사의 괘불함 법당의 폭과 꼭 같아 건물 안에 들여 모시지 못하고 있다.(위)
칠현산 칠장사 영산회 괘불 궤의 명문 운반에 사용된 손잡이 고리가 보인다.(아래)

로 만든다. 윗면을 들어 여닫는 궤의 뚜껑 형식으로 네 귀퉁이와 자물쇠 부분의 경첩이 매우 정교하고 견고하며 습도나 부패를 방지하도록 옻칠까지 되어 있는 경우도 있다. 이러한 괘불함은 절대 연대나 도편수, 목수 등의 명단이 함이나 탱화 하단 명문에 적혀 있어 조선시대 목가구를 연구하는 데도 귀중한 자료가 된다.

27쪽 사진
괘불함은 법당의 불벽 뒤쪽에 선반을 설치하여 보관하고 있는데 불, 온도, 습도, 해충의 피해를 받지 않고 통풍이 가장 잘 되는 곳에 모셔 두고 있다. 괘불함에도 명문이 적혀 있는 경우가 가끔씩 눈에 띄는데, 음각에 색을 칠하거나 붓으로 널판자에 직접 쓰거나 종이를 바르고 그 위에 적는 경우도 있다. 시주자, 제작 연대, 목수의 이름 등을 적었는데 통도사 괘불(1767년)의 경우는 함의 내부 바닥을 한지로 바르고 괘불의 명문보다 더 많은 내용을 기록하고 있다.

괘불문(掛佛門)

법당 왼쪽이나 오른쪽에 사람이 출입하기에는 작은 문이 있는 것을 볼 수 있는데, 이것을 괘불이 출입하는 괘불 구멍 또는 괘불문이라고 부른다.

29쪽 사진
보통 때에는 굳게 잠겨져 있다가 괘불함이 출입할 때만 사용하는 정사각형의 창문인데, 이 문을 통해 괘불은 일직선상에서 가로로 움직여 드나든다. 불벽과 법당의 뒷벽 공간이 매우 좁기 때문에 좌우로 움직이거나 세워서 운반하기가 곤란하므로 별도의 문을 괘불함 크기에 알맞게 만들어 놓은 것이다. 무주 안국사와 진천 영수암에서 괘불문이라고 부르고 있다.

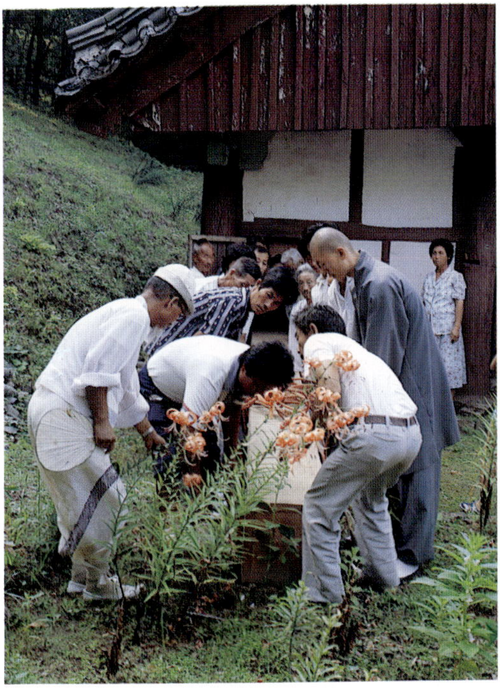

괘불함의 이운 진천 영수암의 대웅전에서 작은 괘불문을 통해 괘불함을 모셔내고 있다.

제작 장소와 제작 과정

괘불을 조사하면서 가장 궁금한 것이 대형의 괘불을 어떤 장소에서 제작하였으며, 어느 정도의 기간이 소요되었는가 하는 점이다. 가장 최근에 대형 괘불이 제작된 것은 1981년 서울 신촌 봉원사에서 만봉 스님이 제작하여 대구 관암사에 봉안된 것이다. 높이 8.2미터, 폭 5미터인 이 괘불을 제작하는데 이인섭, 김정자 씨 등 3명이 초(草)를 내고(밑그림을 그리는 것), 배접(褙接;종이, 헝겊 또는 얇은 널 조각 따위를 여러 겹 포개서 붙이는 일)하여 채색이 끝날 때까지 꼬박 9개월이 소요되었다고 한다. 배접을 하기 위해

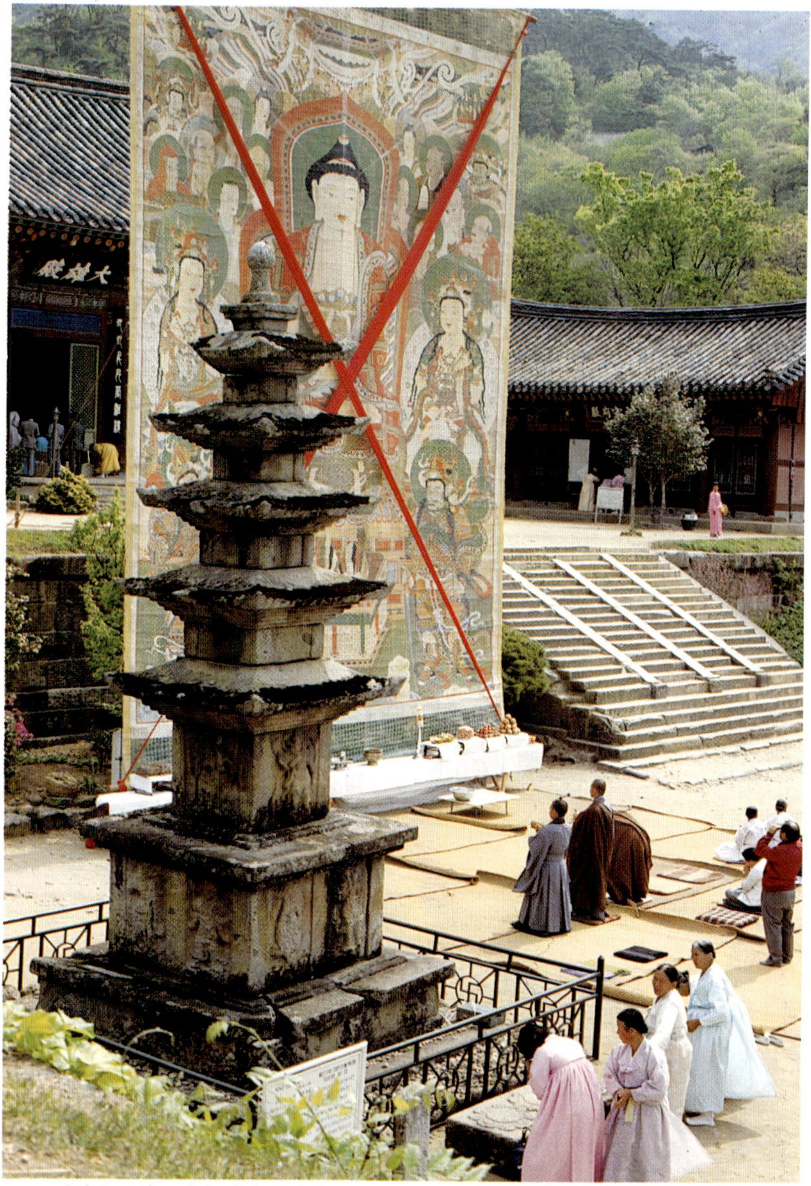

화엄사 괘불 괘불 앞에 불단이 차려지고 예불 의식과 함께 탑돌이도 행해진다.

가로 12미터, 세로 7미터 크기의 가건물을 설치하였다.

제작 과정에서 가장 문제가 되는 것이 배접할 수 있는 넓은 실내 공간이다. 그림을 그리기에 앞서 챙(표구의 바탕틀)을 제작하게 되는데 높이 14미터, 폭 9미터 크기의 그림이라면 폭이 10미터 정도의 더 큰 공간이 필요하다. 챙 위에서 작업이 가능하도록 좌우에 받침목을 두고 받침목 위에 널판자를 깔아 널판자를 움직여 가면서 배접해야 되기 때문이다. 이러한 넓은 공간은 대중방이나 법당에서는 찾기 어렵다.

실제로 쌍계사의 괘불은 1987년 5월에 석정 스님의 지도로 6개월 동안 전면 보수가 있었는데, 누각에서 겨우 전면을 펼쳐 놓을 수 있었다. 양산 통도사의 만세루, 하동 쌍계사의 누각은 괘불 제작이 가능한 곳이다. 통도사에 있는 2점의 괘불도 그 크기에 있어서 만세루에서나 제작이 가능함을 알 수 있다.

여름의 우기철이나 한파가 심한 겨울철에는 풀을 다루는 배접의 작업은 불가능하다. 통풍이 잘 되는 봄이나 가을에 넓고 큰 누각이 있는 곳에서 제작되었을 것이다.

40여 점의 괘불을 조사했지만 제작 장소나 소요 기간이 기록된 것은 보이지 않았다. 다만 칠장사 괘불에 "숭정 원년 무진 3월 초1일 시작 4월 일 필조야(崇禎元年戊辰三月初一日始作四月日畢造也)"라는 기록이 보이는데 2개월 만에 제작이 완료되기란 불가능하다고 생각한다. 또 1684년에 제작된 부석사 괘불 중수 기록에 "건륭 십년 을축 사월 중수 이안 우충청도 청풍지…신륵사(乾隆拾年乙丑四月重修移安于 忠清道清風地…神勒寺)"라는 내용이 있다. 부석사에 모시던 괘불을 건륭 10년(1745)에 중수하여 충청도 청풍의 신륵사에 옮겼다는 것이다.

이 밖에 진천 영수암, 나주 다보사의 괘불도 제작 장소가 다른 곳임을 알 수 있다. 곧 크고 넓은 곳에서 제작되어 옮겨진 경우가

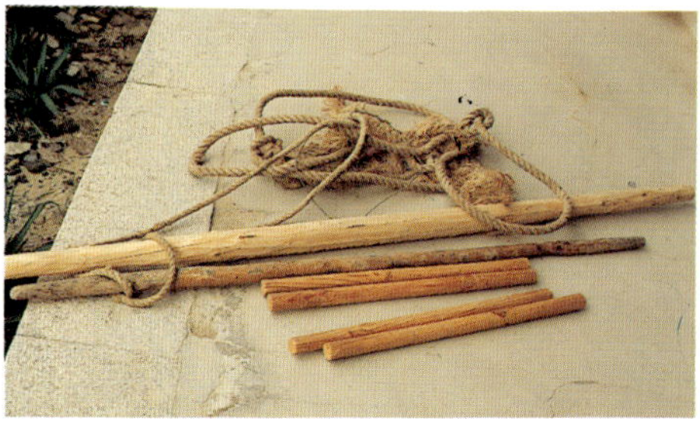

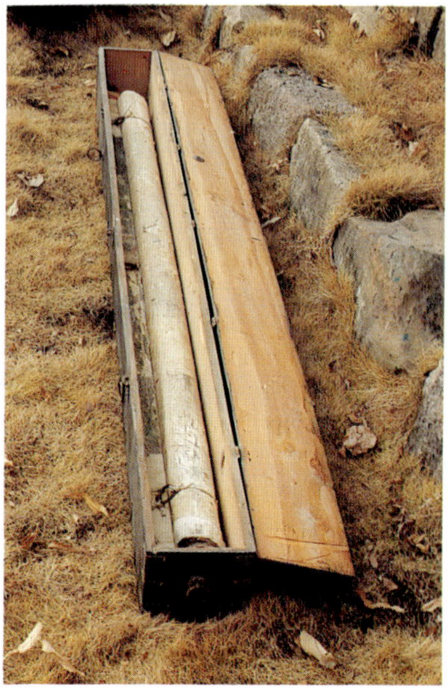

괘불을 내어 모실 때 사용되는 도구들(왼쪽)
나주 죽림사의 소형 괘불함 행자목으로 외부에는 옻칠이 되어 있다.(오른쪽)

많으리라고 생각된다.

괘불의 크기는 괘불을 제작하는 장소에 따라 그림의 크기가 제한된다. 그림의 크기가 정해지면 밑그림인 초(草)를 그리고 동시에 배접이 시작되는데, 수축을 줄이기 위하여 챙이나 기본틀에 앙장식 곧 삼베나 노끈을 얼기설기 엮어 맨다. 앙장식 위에서 초벌, 재벌, 8 내지 10벌 정도의 배접이 이루어지는데 이 때 사용되는 풀이 매우 중요하다. 녹두풀에 유황이나 백반을 섞어 해충이나 부패를 막아야 한다.

배접에 사용되는 후배지는 크기에 따라 100축 약 2,000장 이상이 필요하며 기간은 20여 일이 걸린다. 배접 작업 중간에 자주 다리미질을 하거나 염주나 막대기로 바닥을 두들기고 문질러 면이 고르고 부드럽게 한다. 배접과 다리미질이 끝나면 위아래에 축을 달아 주는

데 아래쪽은 둥근 막대기, 위쪽은 삼각형이나 반원의 축을 달아 두루마리로 감았을 때 부피를 줄이고 사용에 편리하도록 한다.

화폭으로 사용하기 위해 특별히 제작한 베를 밑그림과 같이 붙인 다음 선을 긋는 작업과 채색 작업이 이루어진다.

제작 과정은 현재의 불화 제작 수법과 같다. 즉 싸리나무에 구멍을 뚫어 실을 동여맨 패돌리기, 가늠대, 소척, 장척, 달로, 채기, 채판 등의 도구가 사용된다. 괘불을 모실 때 사용되는 4보살, 8금강, 12지신상, 여러 종류의 등, 초, 꽃 등의 도량 장엄용 그림들도 이 때 같이 그려 보관된다.

모든 제작 과정이 끝나면 반드시 점안 의식(點眼儀式)을 갖게 되는데, 이 의식은 곧 신앙 숭배의 대상인 괘불을 단순한 그림에서 종교적으로 승화시키는 중요한 의식이다.

안성 칠장사 괘불 탱화 1710년에 제작된 칠장사 소장의 괘불 탱화이다.

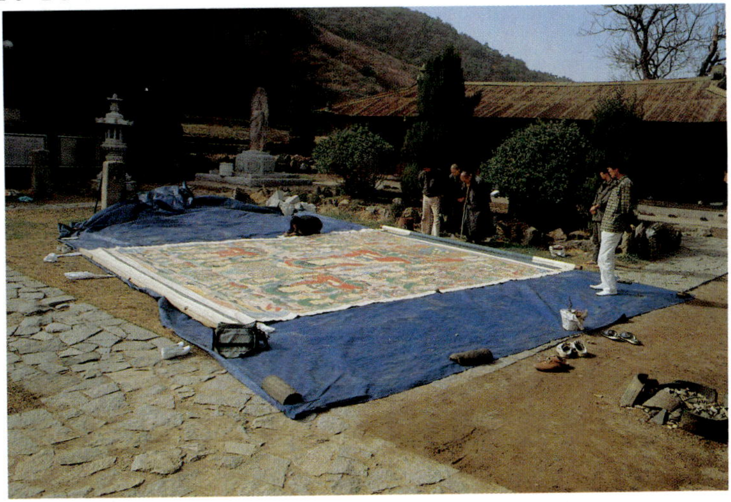

이운 의식(移運儀式)과 헌괘

이운 의식은 영산재, 수륙재, 성도재 같은 큰 행사 때 야외 법당을 설치하고 안치하여 둔 괘불을 야외 법회장으로 옮겨 모시는 의식 절차를 말한다.

35쪽 위 사진

괘불문을 통하여 밖으로 옮겨진 괘불함을 중심으로 좌우에 20 내지 30명이 하얀 천으로 된 끈으로 괘불함을 받쳐 들고 서서히 움직인다. 이 때 나무아미타불을 목탁 소리에 맞추어 부르거나 관세음보살을 게송(偈頌)한다. 목탁 소리나 게송에 발을 맞추지 못하면 무거운 괘불을 움직이는 데 힘이 든다.

이 때 옹호게를 하여 모든 불보살 신장을 청하는 도량 장엄 의식으로 범패(梵唄)와 삼현 육각(三絃六角), 호적(胡笛) 등의 악기와 법고춤, 나비춤, 바라춤 등이 성대하게 벌어진다. 맨 먼저 신앙의 대상과 제를 받을 대상을 절문 밖까지 가마를 메고 나아가 모셔오는 시련(侍輦) 의식으로 영접 의례가 있는데 그 행렬이 대단하다. 사람이 죽어 저승에 가서 괘불 행렬에 동참하였다고 하면 크게 도움이 된다고 하여 연을 연결시킨 길다란 끈을 수십 명이 어깨에 메고 뒤따른다.

35쪽 아래 사진

나무인로왕보살(南無引路王菩薩)이 수 놓여진 번기가 맨 앞에 서고 각종 영기(令旗), 양산, 번기 등이 뒤따른다. 권공 예배(勸供禮拜)의 순서는 상단, 중단, 하단의 순서로 진행되며 도량게, 설법 등의 복잡한 의식 순에 의하여 진행된다. 물론 제의 종류에 따라 의식이 약간씩 다르지만 일반적인 괘불 이운식에서는 이러한 여러 절차가 생략된다. 중요 무형 문화재 50호로 지정된 봉원사에서 거행되는 영산재(靈山齋)나 사십구제 등의 큰 행사에서 격식에 따른 행사를 볼 수 있다.

괘불의 위축에 네 개의 쇠고리를 달아 밧줄을 매고 도르래에 연결

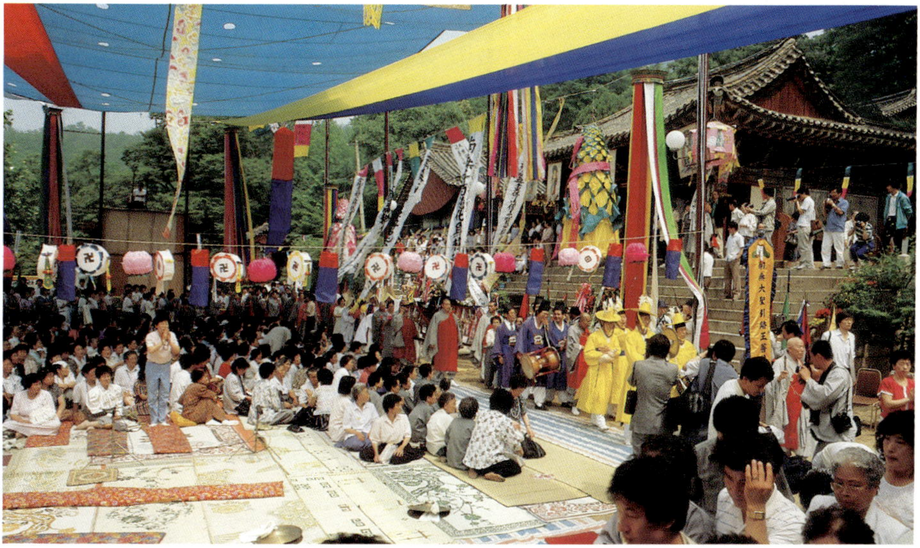

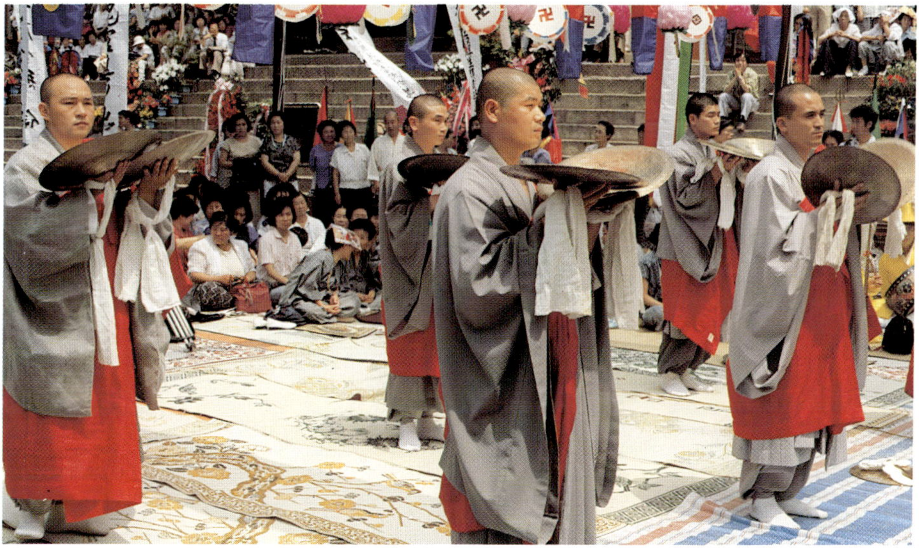

이운 의식 위는 영산재 의식 중 괘불을 옮기는 장면이고, 아래는 바라춤을 추는 모습이다. 서울 신촌 봉원사.

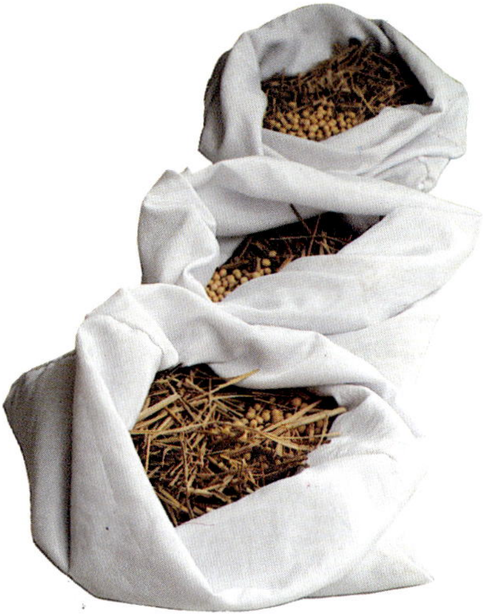

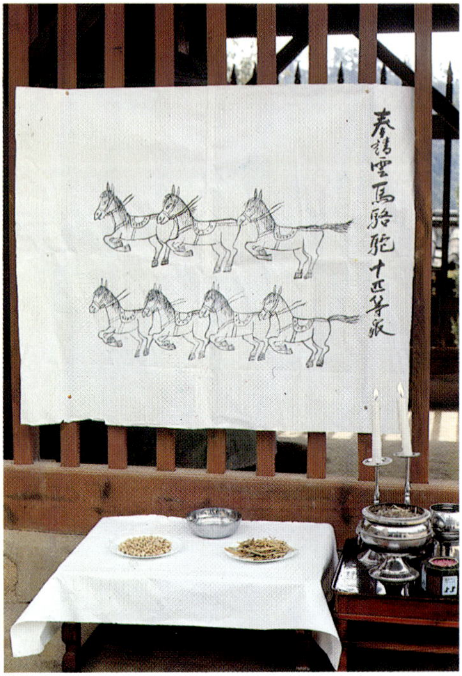

말 그림과 먹이 수륙재나 예수재에서 여러 사자나 신들이 타고 다니는 말과 말먹이, 콩, 여물, 물그릇이 보인다.(왼쪽, 오른쪽)

된 길다란 밧줄을 양쪽에서 잡아당기면 두루마리로 감겨져 있던 괘불이 서서히 위로 오르기 시작한다. 지휘자의 구령에 맞추어서 왼쪽과 오른쪽의 힘이 같아야 찢어지거나 비틀어지지 않고 순조롭게 올라간다.

괘불을 향하여 합장 배례하고 나무아미타불을 외우던 신도들이 거룩하고 원만한 대형의 불상을 보면서 지혜 구족하고 내세에서는 안락 정토, 무병 장수를 기원하는 환희심을 불러일으키게 된다.

괘불을 끝까지 끌어올린 밧줄은 괘불 석주에 단단히 잡아매고 괘불이 바람에 흔들리지 않도록 정면에 X자 모양으로 천을 묶어

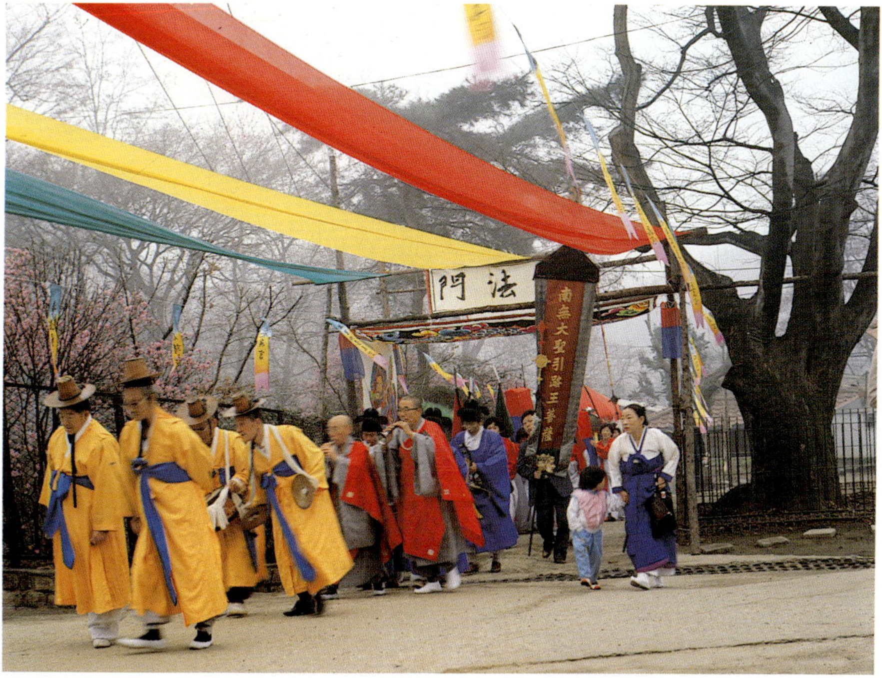

영산재 영산재에서 사천왕문 밖에 까지 나아가 신을 모셔오는 의식 장면이다. 괘불은 사람이 많이 모이는 큰 행사에만 걸 수 있다. 서울 봉원사의 영산재 장면.

둔다. 괘불을 중심으로 4보살, 8금강, 12지신상을 왼쪽과 오른쪽에 이등분하여 걸고 수많은 진언을 매단다. 이와 같은 장엄 용구가 완전하게 남아서 사용되는 곳으로는 통도사와 서울의 보살사를 들 수 있다. 가끔 괘불을 모시는 한쪽에 다섯 마리의 말을 그려 놓고 36쪽 사진 여물, 콩, 목판화를 오려서 만든 돈의 형태를 쌓아 놓은 것을 볼 수 있다. 이것은 수륙재나 사십구제, 성도재에서 떠도는 모든 영혼을 천도할 때 저승사자가 타고 다닐 말과 먹이, 노자돈이다.

괘불의 유형

죽림사(竹林寺) 괘불

전남 나주군 남평면 풍림리에 위치한 비교적 규모가 작은 죽림사는 신라 눌지왕(訥祗王) 2년(418)에 아도화상이 창건하였다고 전해진다.

법당 주변에는 고려시대의 석불 좌상 1구와 모형이 특이한 부도가 두 쌍 남아 있고 대웅전에는 목불 좌상과 파손이 심하지만 수준 높은 후불 탱화가 있다.

39쪽 사진 죽림사의 괘불은 천계 2년(天啓二年, 1622) 혜은(慧恩) 비구의 대공덕(大功德)으로 화사(畵師) 수인(首印), 신헌(信軒) 두 스님에 의해 그려진 것으로 조사된 괘불 탱화 가운데 가장 연대가 높다. 현재 우리나라 사찰에 남아 있는 후불 탱화들이 대부분 강희 연간인 1700년대 후반에 만들어진 것들이고, 17세기의 작품으로는 몇 점의 괘불 탱화를 제외하면 찾아볼 수 없어 초기 괘불의 유형으로 귀중한 자료가 된다.

비단 바탕에 채색화로 연화대좌 위에 결가부좌한 석가 세존 단독

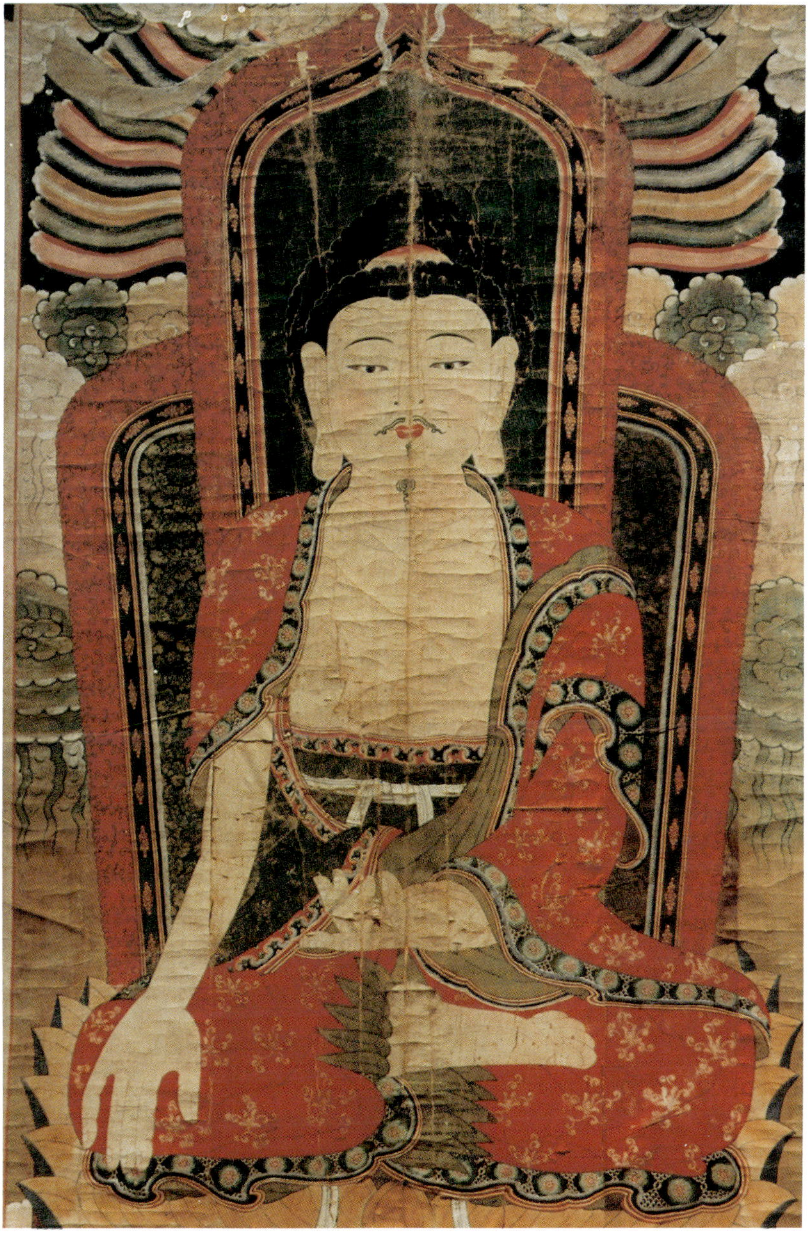

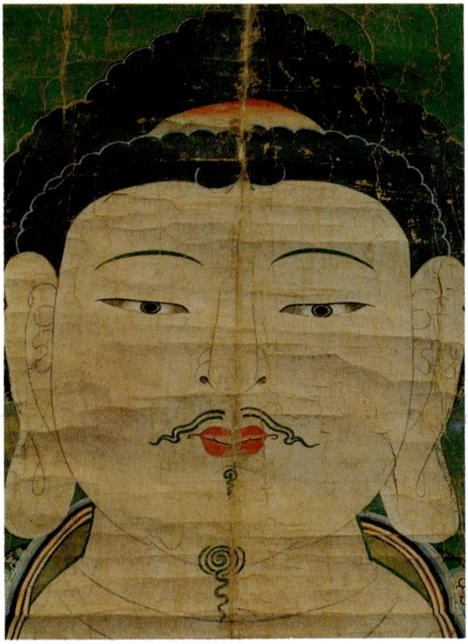

죽림사 괘불 탱화 천계 2년(1622)에 제작된 영산회상도로 조사한 괘불 가운데 가장 연대가 높다. (앞)
죽림사 괘불 탱화(부분) 석가세존의 상호이다.

상으로 키(곡식을 까부르는 도구) 모양의 광배가 꽉 짜인 화면의 대부분을 차지하고 있다. 피어오르는 오색 구름 속에 검은 바탕이 보이고 연화대 아랫부분은 생략하여 인화문처럼 그린 국화와 목단으로 처리하였다. 겹친 뭉게구름처럼 구불구불한 검은 머리는 끝이 뾰족하고 붉은색을 띤 반달형의 중심 계주(髻珠)가 두드러지며, 41쪽 사진 이마에는 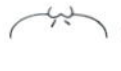 모양 머리카락이 시원스럽게 정돈되어 있다. 얼굴은 거의 둥근 원형인데 긴 눈썹에 비해서 아래로 치켜내린 눈은 작은 편이며 속눈썹까지도 자세히 그렸다. 입 역시 작은 편이지만 일직선으로 내려간 코는 약간 큰 편이며, 나선형의 턱수염과 콧수염은 녹색으로 처리하였다.

아래로 축 처진 귀는 얼굴에 비하여 아주 크고, 짧은 목과 어깨는 경직된 느낌이며 지나치게 단정한 자세로 당대에 제작된 불상들의 얼굴과 흡사하다. 왼손은 무릎 위에 올리고 오른손은 오른쪽 무릎

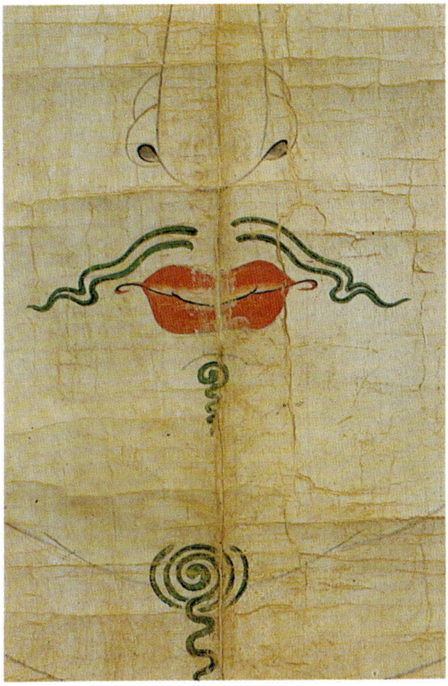

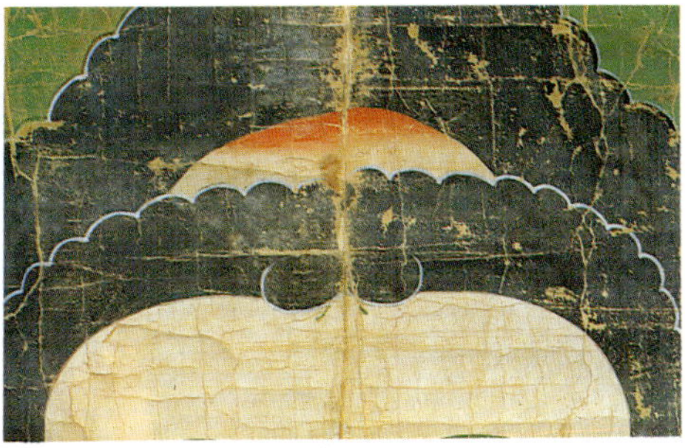

죽림사 괘불 탱화(부분) 왼쪽은 긴 코와 자그마한 입, 나선형의 수염 모습이고, 오른쪽은 머리카락의 정돈된 모습이다.

아래로 길게 늘어뜨린 항마촉지인(降魔觸地印)을 하고 있으며 옆의 협시불을 생략한 독존의 석가 세존불이다. 42쪽 사진

오른쪽 손이 유난히 길게 늘어져 있고 손이 지나치게 커져 비례가 잘 맞지 않은 듯하며, 아래에서 위를 올려다보며 그린 구도이다. 통견(通肩)한 붉은 가사는 큼직큼직한 꽃무늬로 장식하여 간략하게 처리된 반면, 신광에 그린 호화스러운 금색 연속 보상화문은 고려 불화를 연상케 하는 양식이다.

죽림사 괘불은 가장 연대가 올라가는 반면에 화면 높이 5.2미터, 너비 2.8미터로 여러 사찰의 괘불 가운데 크기가 가장 작다. 괘불이라기보다는 큰 후불 탱화를 보는 것 같다. 이것은 여러 가지 면으로 생각하여 볼 수 있는데 시대가 올라갈수록 작아지는 경우를 보살사, 안심사, 칠장사 등의 괘불에서도 볼 수 있다. 조선의 억불책과 임진왜란 후의 경제적인 여건 등으로 대형 괘불을 제작하기 어려운

죽림사 괘불 탱화(부분) 항마촉지인(降魔觸地印)을 결(結)하고 있다.

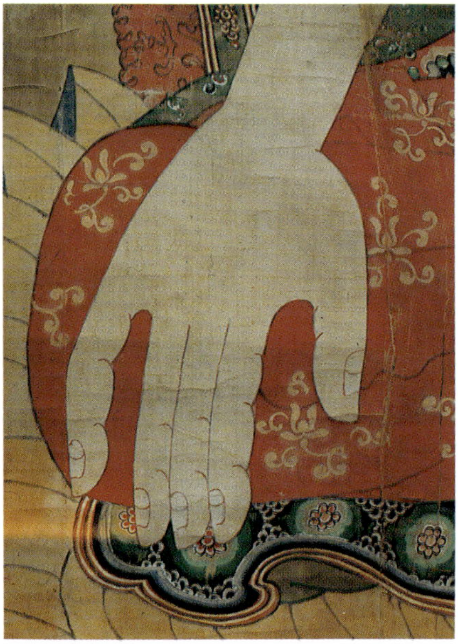

시대적인 영향으로 볼 수 있으며, 또한 쉽게 이동이 가능한 이동식 괘불로 좁은 공간에서도 예불이 가능하도록 제작되었을 가능성도 있다.

하단 명문에 "천계 2년 임술 11월 17일 죽림사(天啓二年壬戌十一月十七日竹林寺)"라고 되었지만, 실제는 '죽림사(竹林寺)' 부분을 먹으로 지우고 옆줄에 다시 쓴 것이다. 때문에 한눈에 죽림사에서 제작된 것이 아니고 다른 데서 옮겨 왔음을 알 수 있다. 이러한 사실은 죽림사에는 현재 괘불대나 석주가 남아 있지 않다는 점에서도 뒷받침되고 있다.

괘불의 크기에 알맞게 은행목으로 잘 짜여진 괘불함 역시 매우 견고하며 무쇠로 된 장식이 돋보이고 표면에는 사방으로 옻칠을 하였다.

칠장사(七長寺) 괘불

칠장사에는 숭정 원년(崇禎元年, 1628)과 강희 49년(康熙四十九年, 1710)에 제작된 2점의 괘불이 대웅전 불벽 뒤편에 나란히 보관되어 있다. 46, 49쪽 사진

2점 모두 제작 연대가 오래 되며 크기가 작은 편이다. 두 쌍의 괘불 석주와 한 쌍의 괘불대까지 남아 있는 경우는 칠장사에서만 보인다. 더구나 두 쌍의 석주에는 제작 연대를 알 수 있는 명문까지 남아 있고, 대웅전 기단 좌우에 괘불을 걸었을 때 고정시키는 밧줄을 잡아맬 수 있도록 해태가 조각된 석상이 한 쌍 남아 있다. 이 해태 석상은 잘 다듬어진 사각형의 석재 위에 쪼그리고 앉아 있는 모습인데, 밧줄을 동여맸을 때 비뚤어지거나 풀어지는 것을 방지하기 위하여 중간에 지그재그로 턱을 두었다. 괘불을 고정시키는 밧줄을 잡아매도록 설치된 쇠고리를 차얼고리라고 부르는데, 이것은 선암사의 대웅전 기단에 남아 있다.

칠장사 대웅전의 뒤편에는 도르래가 부착된 상태가 매우 양호하며, 괘불대까지도 한 쌍 남아 있어 괘불을 연구하는 데는 매우 중요한 자료이다.

숭정 원년(1628)에 제작된 괘불 탱화는 괘불함이 분실된 채 천으로 싸여 있는데, 그림의 상태는 매우 양호해 금방 그린 화면을 보는 듯 선명하다. 화면의 구성은 고려시대와 조선 초기에 유행하던 2단 구도법을 썼는데, 하단 부분에 수미단을 중심으로 좌우에 지장 48쪽 사진
(地藏), 관음(觀音)을 조그맣게 그려 고려 불화인 일본 지은원 소장 50, 51쪽 사진
의 미륵하생경변상도(彌勒下生經變相圖)를 연상케 한다.

상단 중앙에 지권인(智拳印)을 결(結)한 비로자나불(毘盧舍那佛)을 주존으로 하고 왼쪽에 노자나보신불(盧舍那報身佛), 오른쪽에 석가화신불(釋迦化身佛)을 배치한 비로자나삼신불회도이다. 주변에

칠장사 괘불 탱화 영산회상도로 사각 불단 위에 가부좌한 석가모니불 앞에 구법승의 뒷모습을 그렸다. 1720년.(왼쪽)
1628년에 제작된 괘불 탱화이다.(오른쪽)

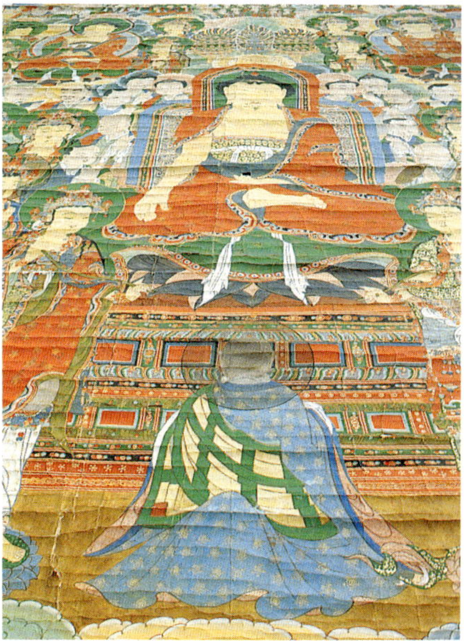

는 십대제자들과 문수, 보현보살을, 하늘에서는 타방불들이 구름을 타고 내려오는 배치 구도다.

하단의 오른쪽에는 아미타불 앞에 관음보살과 세지보살(勢至菩薩)을 배치하였고, 왼쪽에는 약사여래(藥師如來) 앞에 일광, 월광 보살을 배치하였다.

일광보살(日光菩薩)은 붉은 바탕에 금선으로 삼족오(三足烏)를 그려 머리 위에 올려 놓았고 주위에는 사천왕, 팔부신중 등의 신장을 배치하였다. 맨 아래 오른쪽에는 대좌 위에 반가부좌한 지장보살이 도명존자(道明尊者)와 무독귀왕을 대동하였고, 왼쪽의 관음보살은 대나무와 정병이 놓여 있는 반석 위에 앉아 있다. 파도를 배경으로 합장을 한 선재동자(善財童子)가 관음을 향하여 서 있는 아래쪽에는 설법을 경청하는 중생들로 가득 차 있다. 불상들의 얼굴은 사각형에 가깝고 머리에는 유별나게 뾰족한 나발이 표현되어 있다.

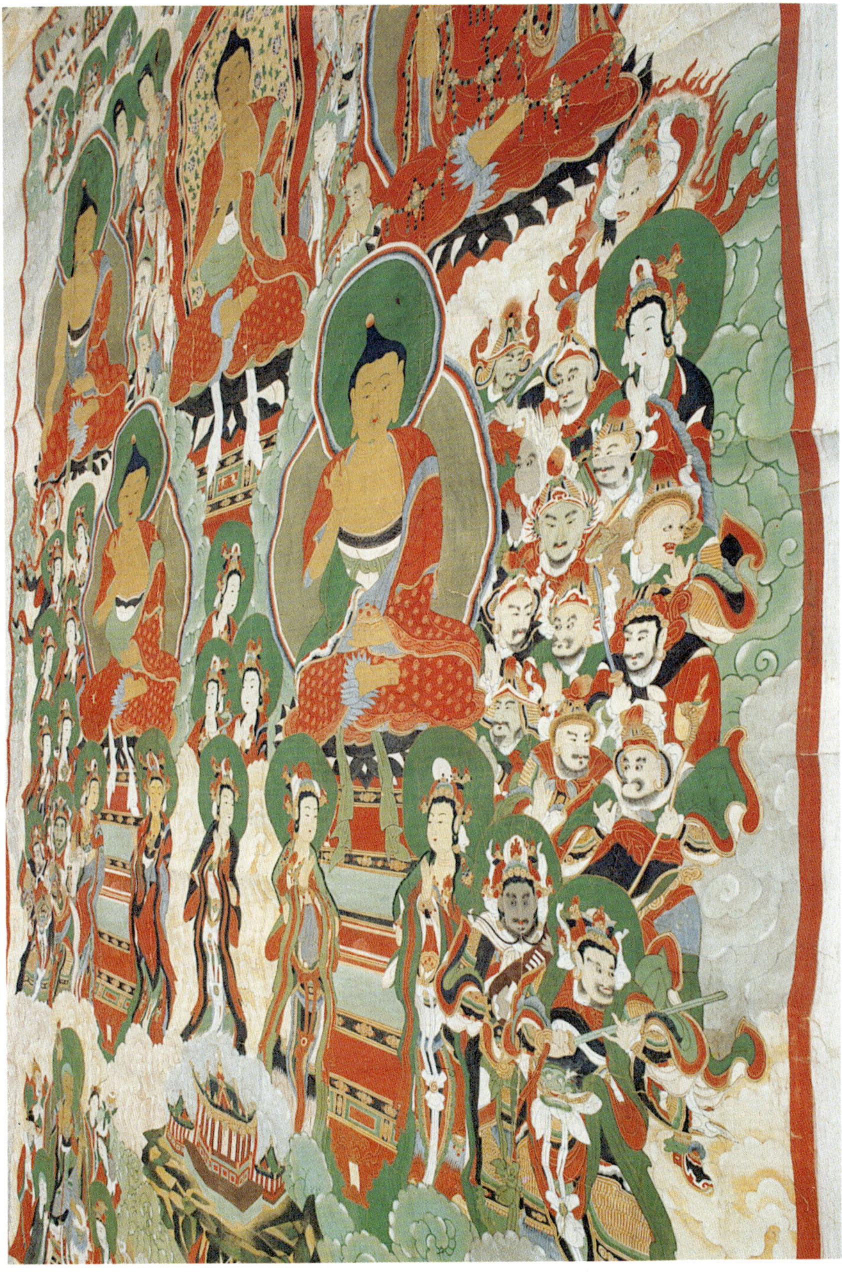

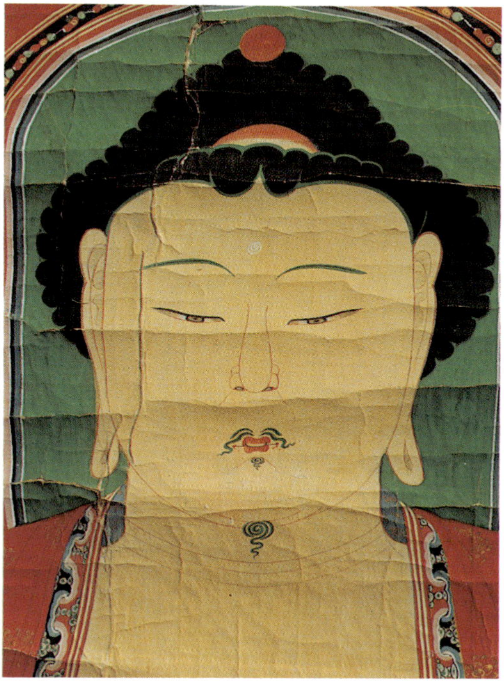

칠장사 괘불 탱화(부분) 왼쪽은 1710년에 제작된 영산회상 괘불 탱화의 주존불 상호이고 오른쪽은 우협시보살상의 모습이다.

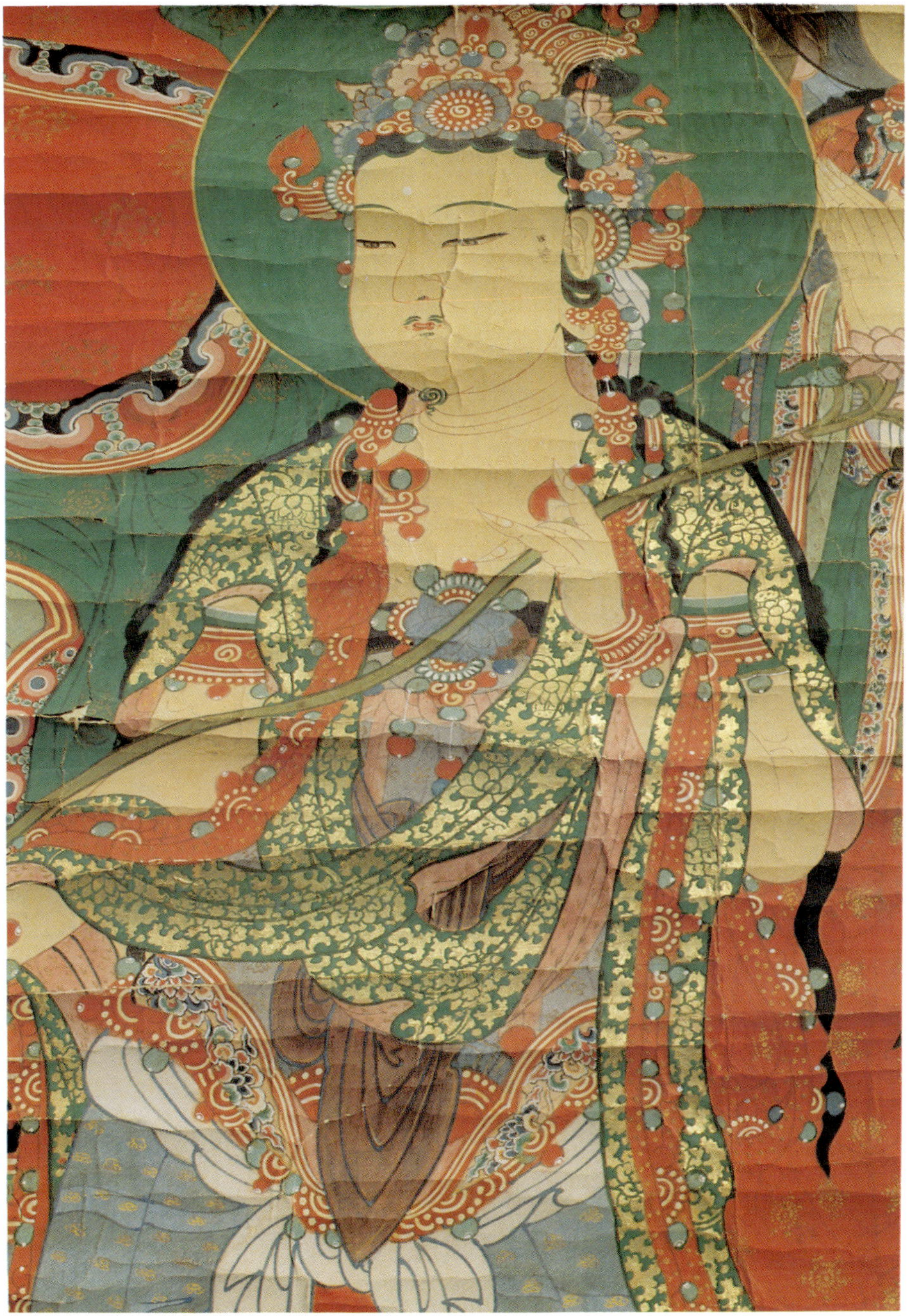

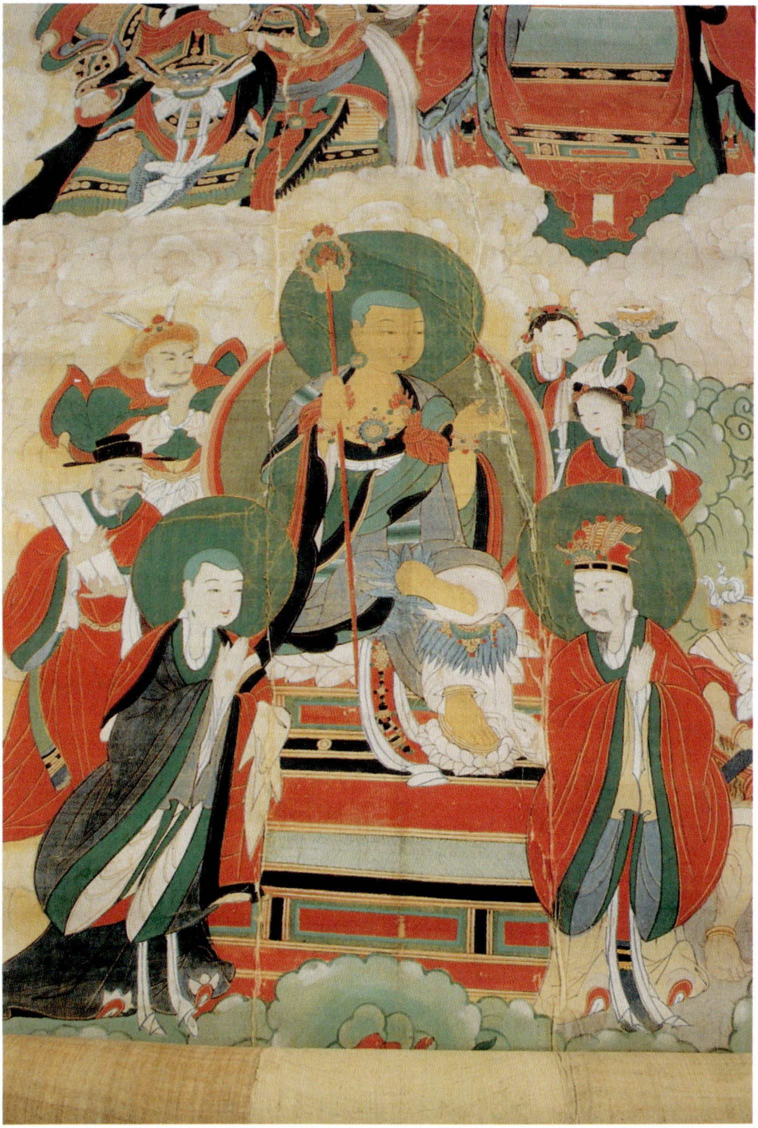

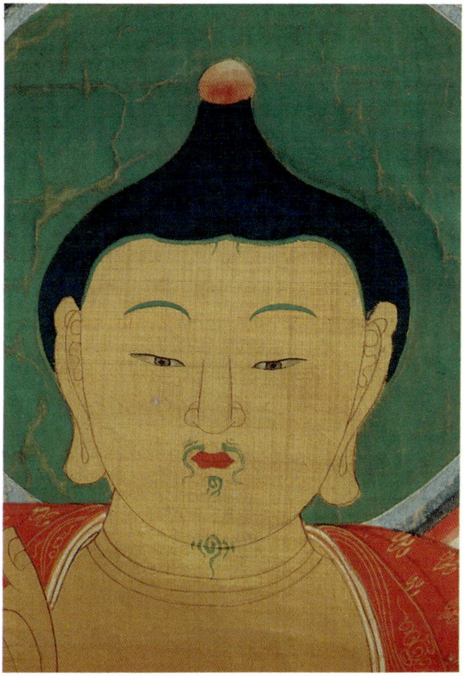

칠장사 괘불 탱화(부분) 지장보살의 좌우에 무독귀왕과 도명존자가 합장하고 있으며 사자, 판관, 공양 동자상이 배열되어 단독의 지장보살도를 보는 느낌이다. 1628년. (왼쪽)
둥근 얼굴, 반달 눈썹, 큰 귀와 머리 부분이 유난히 뾰족한 것이 특이하다. (오른쪽)
괘불 하단 우측에 자리잡은 관세음보살의 모습이다. 구도, 채색, 필선 등이 조선시대 불화 연구에 도움이 되는 자료이다. (뒤)

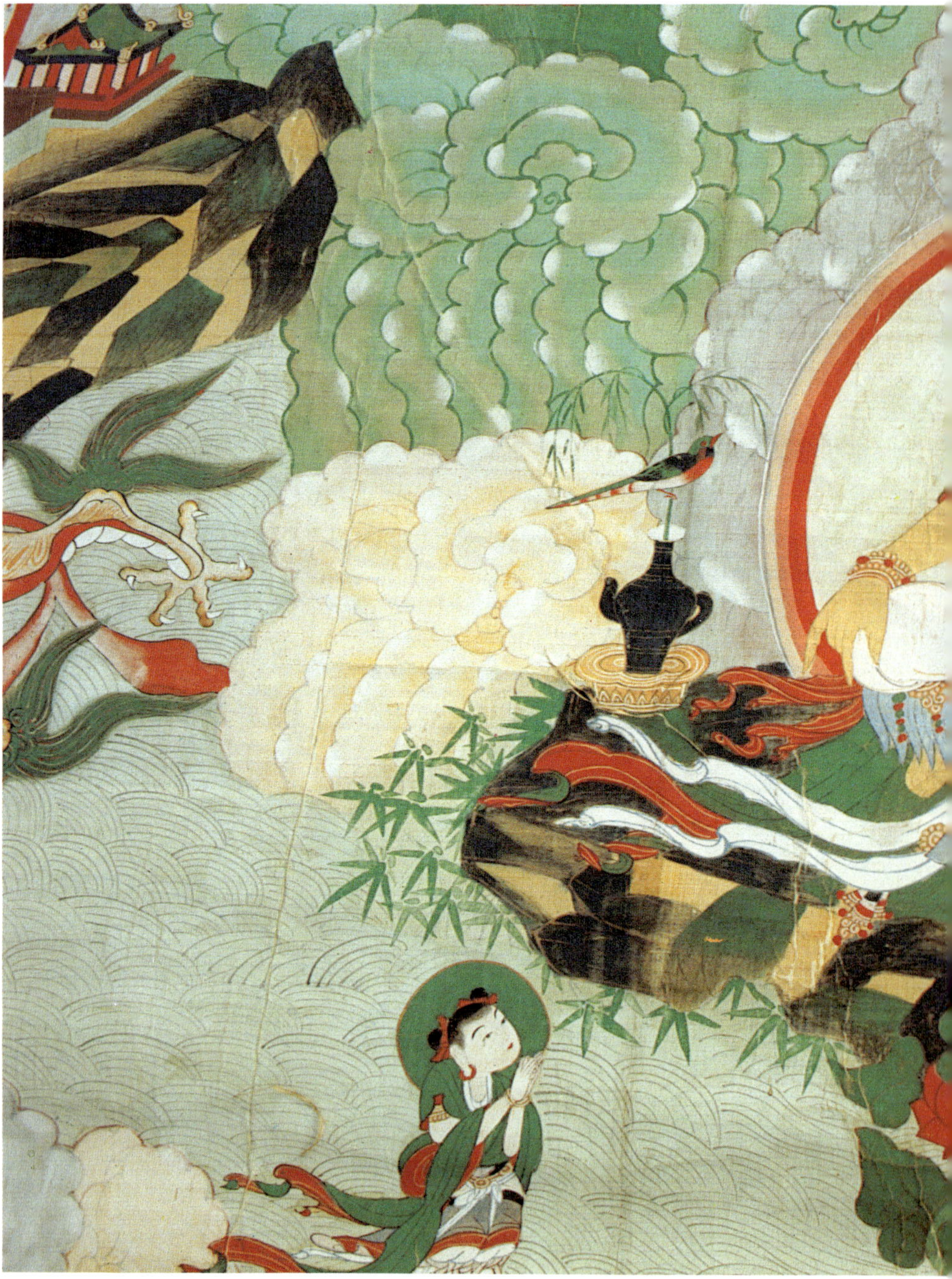

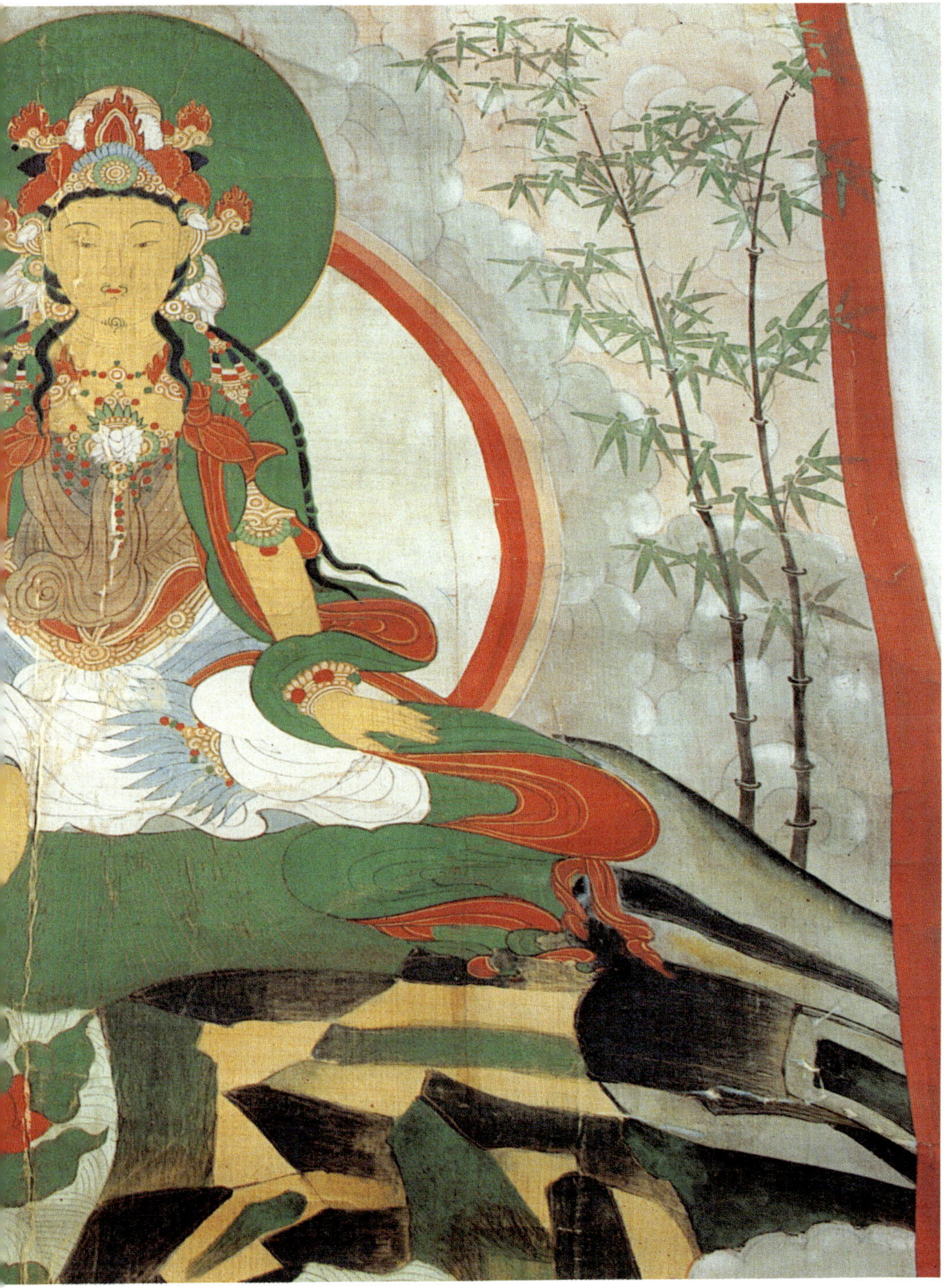

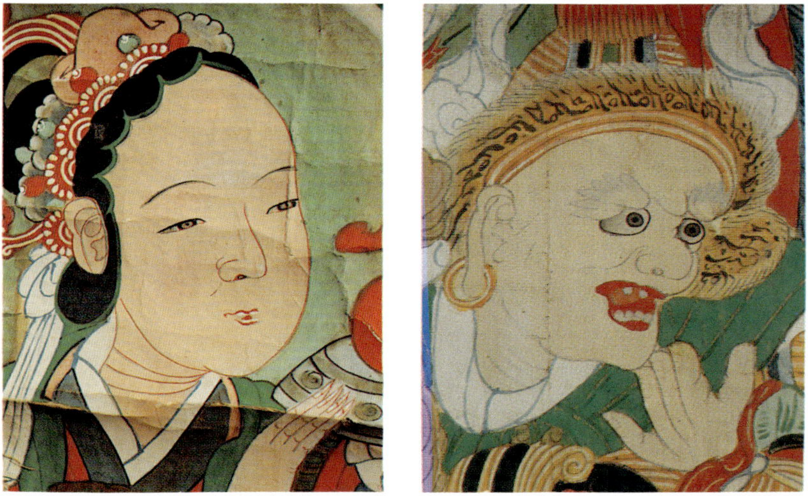

칠장사 괘불 탱화(부분) 왼쪽은 여의주를 받쳐들고 있는 용녀상이고, 오른쪽은 금강상의 얼굴 부분이다.

중생계(衆生界)와 천상계(天上界)를 구름으로 구별하였고, 구름 위의 파도 속에 솟아 있는 명암으로 처리된 수미단은 매우 현대적인 화법이다. 수미단의 중앙에 오족(五足)을 가진 황룡이 있는데 불국토의 상징으로나 그릴 수 있는 장면이다.

복잡한 구도나 문양 등에서는 간혹 고려 불화의 영향이 엿보이기도 하지만 전형적인 조선 불화 양식의 작품으로 고려 불화와 조선 불화의 변천 과정을 연구하는 데 필요한 작품이다.

53쪽 사진

화기 명문에 "회장(廻莊), 황금(黃金), 주홍(朱紅), 중청(重靑), 수토황(水土黃), 석자황(石紫黃), 당하엽(唐荷葉), 연지(燕芝), 진채(眞彩), 어교(魚膠), 삼록(三綠), 청화(靑花), 원경(圓鏡), 황원(黃圓), 후괘(後掛), 자탕(婆湯)" 등의 괘불 제작에 필요한 물품과 채색의 종류가 기록되어 있어 좋은 자료가 되고 있다. 화원(畵員) 법동(法洞) 비구와 화사(畵師) 선현(善玄) 비구의 기록으로 보아 화원과 화사를 따로 구분하였음을 알 수 있다.

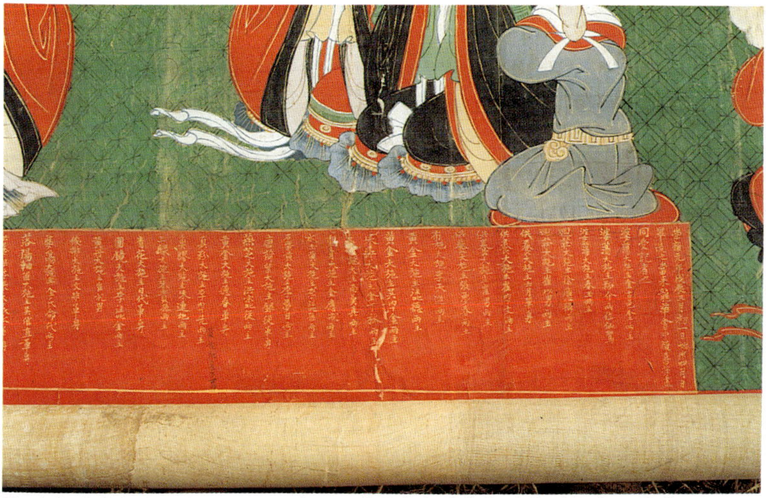

괘불 탱화 하단의 화기명 금 또는 먹으로 시주자나 화원에 관해 기록하고 있다.

강희 49년(1710)에 제작된 영산회상 괘불 탱화는 앞의 괘불보다 82년 뒤의 작품이다. 조선시대 후기에 유행되던 형식으로 1745년에 제작된 부석사의 괘불 탱화와 맥을 같이 한다. 다만 주존불의 좌대 앞에 사리불존자(舍利弗尊者)로 보이는 구법승상이 칠장사의 괘불에는 첨가되어 있다.

탄명(坦明) 비구가 어머니를 위하여 영산회상 괘불 탱화, 아미타회탱, 현왕 탱화를 독판 조성하였는데 승장(勝藏) 비구, 인혜(印惠) 비구, 창상(敞尙) 비구, 현책(玄册) 비구, 구안(口眼) 비구 등 5명의 화사가 참여하였다. 탄명 비구는 어떤 스님인지 자세한 기록은 없지만 칠장사 「사적기」에 불상, 단청, 번 등 많은 불사를 하였다고 되어 있다. 살아서는 시방 제불(十方諸佛)을 만날 수 있고, 죽어서는 사중오역(四重五逆)을 면한다는 신통력이 있다는 53불의 석비를 명적암(明寂庵)에 세웠다. 또 1725년에는 괘불 석주를 세우는 등 불사를 크게 하였던 스님이다.

화엄사(華嚴寺) 괘불

괘불 탱화 가운데 가장 많이 남아 있는 영산회상도는 시대와 형태에 따라 크게 두 가지로 구분되는데 조선 전기와 후기의 양식으로 나누어 볼 수 있다. 영산 교주 석가모니 좌불을 중심으로 아미타, 다보여래, 관음, 세지, 문수, 보현 등이 좌우 비례로 등장하는 복잡한 군도식 구도를 보이고 있는 것이 전기 양식의 특징이다. 반면 좌우 협시 등이 대부분 생략되면서 주존불이 입불(立佛)로 변하고 있는 것은 후기 양식의 특징이다. 전기 양식에 속하는 영산회상도로는 청주 보살사(清州菩薩寺), 청원 안심사(清原安心寺), 공주 갑사(公州甲寺), 구례 화엄사(求禮華嚴寺), 진천 영수암(鎭川靈水庵), 상주 용흥사(尙州龍興寺), 곡성 도림사(谷城道林寺), 영주 부석사(榮州浮石寺) 등으로 약간의 차이점은 발견되나 형태나 구도가 비슷하다.

60, 61쪽 사진
57쪽 사진

56, 62쪽 사진

이 가운데 보살사(1646년)와 부석사(1745년)의 양식이 특이하며, 그 밖의 영산회상도들은 같은 계통으로 분류하여도 좋을 듯하다. 보살사와 부석사를 제외한 사찰의 영산회상도 가운데 가장 대표적인 것으로 화엄사의 것이 있다. 화엄사 영산회상도는 "순치 10년 계사 5월 29일 괘불탱 시주질(順治十年癸巳五月二十九日掛佛幀施主秩)"의 명문으로 보아 1653년에 제작된 것으로 크기나 구도, 채색 등에서 전기 양식의 대표적인 작품이다. 화엄사 괘불 탱화는 각황전(覺皇殿) 후불벽 뒤편에 보관되어 있는데 괘불대와 석주가 없어서 사용하지 않다가, 1970년에 주지 명성 스님이 쇠파이프로 세 개의 기둥과 석주를 만들어 괘불을 걸기 시작하였다.

58쪽 사진

괘불 탱화는 사각 불좌대 위에 결가부좌한 석가불을 중심으로 좌우에 문수, 보현보살을 배치한 삼존불(三尊佛) 위주의 화면으로 구성되었다. 본존의 아랫부분에는 칼을 든 동(東) 지국천왕(持國天王)과, 보주(구슬)와 용을 양손에 쥔 남(南) 증장천왕(增長天王)의

두 천왕이 서 있다. 크고 당당한 모습으로 묘사되어 마치 오존상(五尊像)처럼 보이기도 한다. 두 천왕 사이에 주련을 늘어뜨린 배례단(拜禮檀)이 있는데 오색 구름을 발하는 향로와 불구들이 놓여 있다. 키 모양 광배의 두광 좌우에는 얼굴이 아주 작게 묘사된 다양한 모습의 10대제자와 2구의 분신불이 합장하고 있는데 묘법다여래불과 아미타여래불로 보인다. 상단 끝 가장자리 쪽으로 다문천왕(多聞天王)과 광목천왕(廣目天王)을 배치하여 화면의 네 모서리를 사천왕으로 메운 듯 보인다. 59쪽 사진

석가불의 머리에서 비치는 세 줄기의 서광이 오색 구름 속으로 퍼져 나가고 멀리 시방(十方) 세계에서 구름을 타고 모여드는 부처님들이 작게 표현되어 있어 무한한 공간감을 느끼게 한다.

본존불의 늘씬한 상체와 균형 잡힌 체구를 지닌 각 존상은 밝고 화사한 홍색과 부드러운 녹색 바탕에 다양한 색채를 사용함으로써 아름다운 조화를 이루었다. 간결하면서도 유려한 필선은 전반적으로 일정한 굵기를 유지하고 있으며, 흑선과 홍선을 혼합 사용하였다.

특히 화려한 옷 문양과 귀걸이, 보관, 매듭, 영락 등의 장엄구에 금채를 많이 사용하여 고귀한 느낌을 주는 이 괘불 탱화는 섬세한 고려 불화 못지않은 대담한 조선 불화의 저력을 실감나게 표현한 수작이라고 하겠다.

화면 크기로도 으뜸이며, 위아래 가장자리의 녹색 사각형 문양은 안정감이 있고 웅장함을 더해 주는 역할을 한다. 아래 화기에 화원(畫員) 지영 비구(智永比丘), 계 비구(戒比丘), 사순 비구(思順比丘), 행철 비구(行哲比丘), 뇌흡 비구(懶洽比丘) 등이 밝혀져 있어 다섯 스님의 작품임을 알 수 있다.

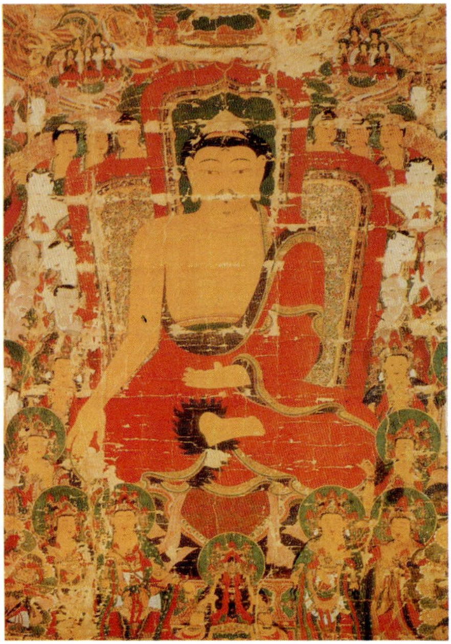 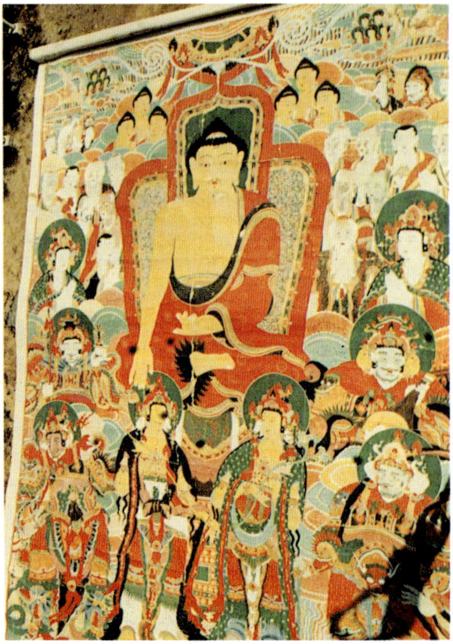

보살사 괘불 탱화 17, 18세기 전반까지 유행하던 유형의 영산회상도로 중앙에 석가모니좌불을 중심으로 관음, 세지, 문수, 보현보살을 협시불로 하였고, 좌우에 십대제자, 사천왕, 여러 성중 등을 모신 군도식 배열법을 쓰고 있다. 충북 유형 문화재 55호. 1649년.(왼쪽)

안심사 괘불 탱화 1652년에 제작된 괘불 탱화이다.(오른쪽)

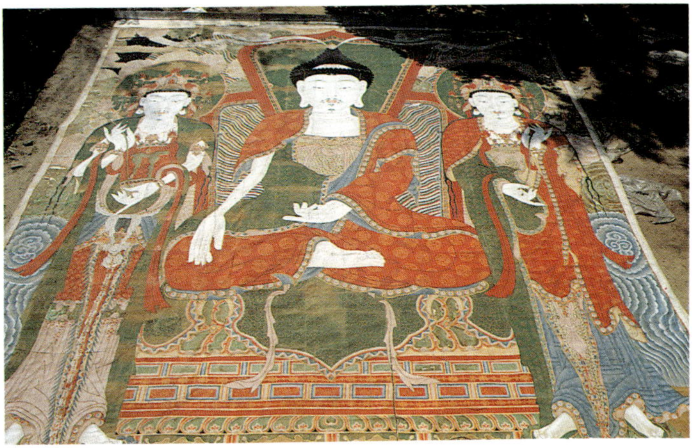

도림사 괘불 탱화 사각의 불대좌 위에 가부좌한 석가모니불을 중심으로 좌우에 관음, 세지보살이 시립(侍立)한 구도의 영산회상도이다. 여러 성중이 그려지는 복잡한 군도식에서 인물의 수가 많이 생략되어 있다. 1684년.

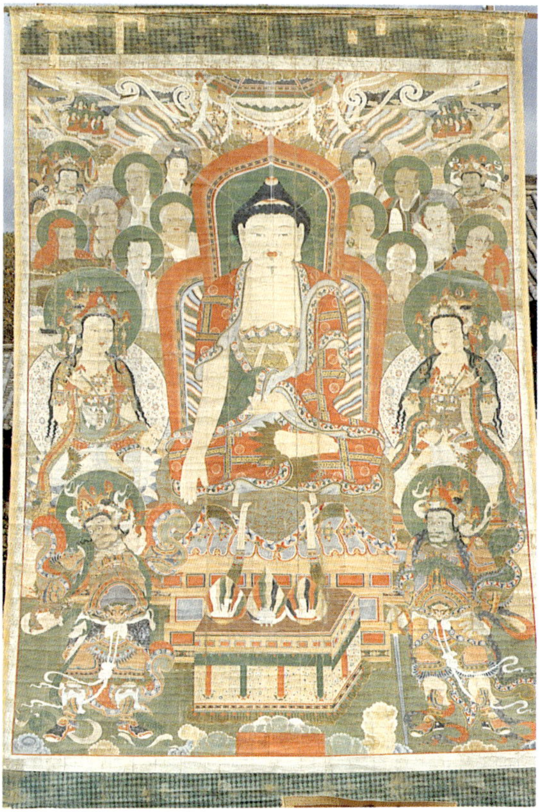

화엄사 괘불 탱화 석가모니불을 중심으로 불좌대 앞에 배례단이 있고, 오색 구름이 피어나는 향로가 3개 놓여 있다. 전국에서 제일 크고 웅장한 이 괘불 탱화는 밝고 화사한 홍색과 녹색을 위주로 간결하면서 유려한 필선 등이 조선 불화의 대표작이라 할만한 영산회상도이다. 왼쪽은 괘불 탱화 전체의모습이고, 오른쪽은 하단에 시립한 신장상이다. 1653년.

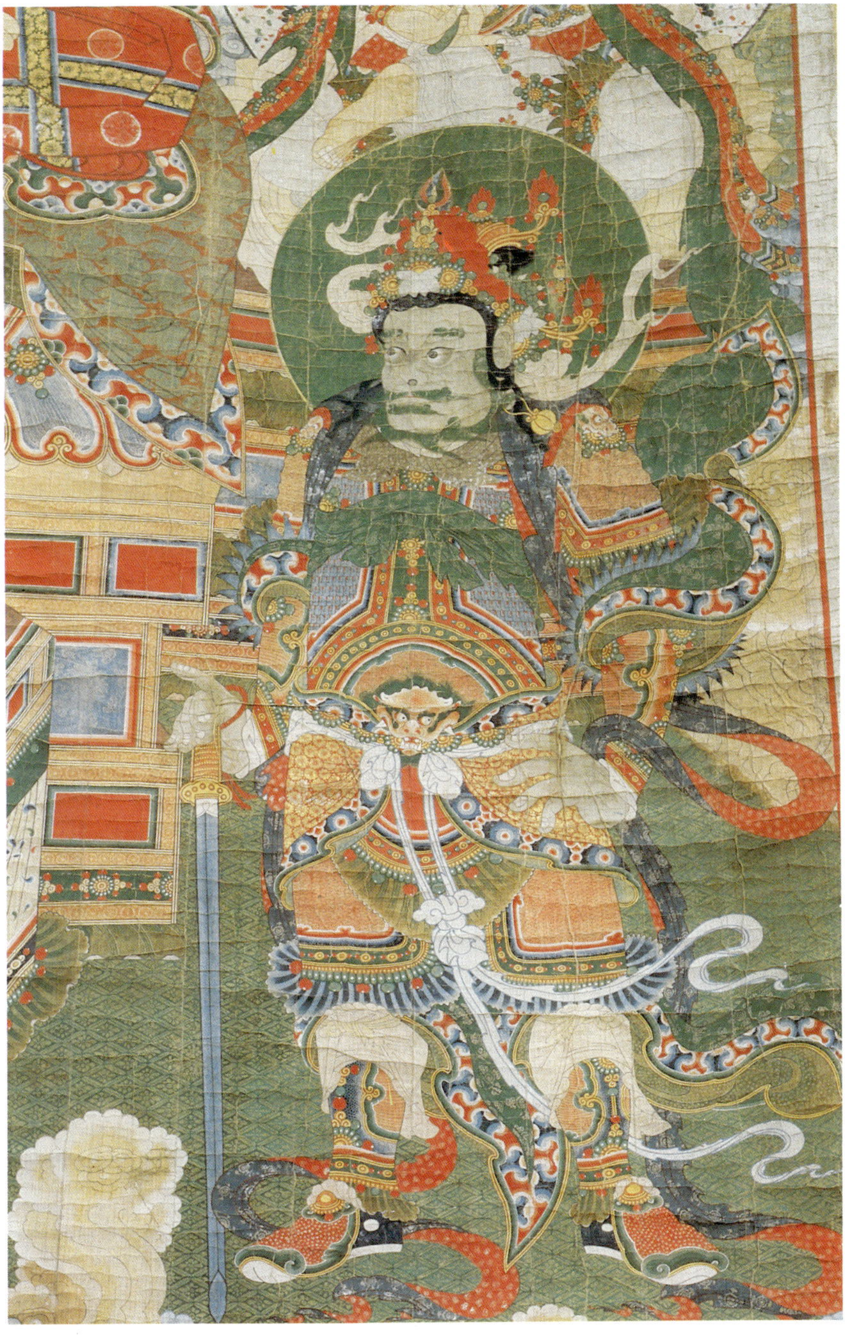

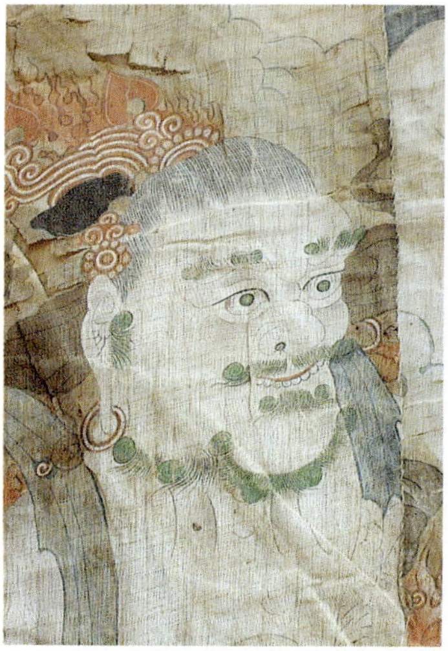

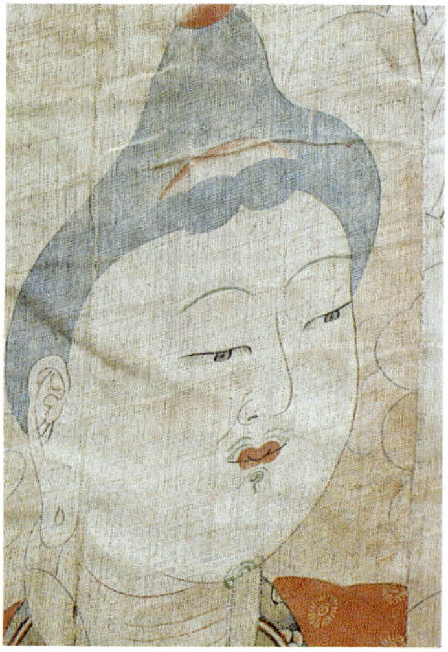

영수암 괘불 탱화 인물이 가장 많이 등장하는 영산회상도로 배례단을 기준하여 불보살의 세계와 중생의 세계를 구름선으로 분리하였다. 기우제가 잦은 탓으로 상태가 매우 불량하여 전반적인 보수가 시급하다. 위 왼쪽과 오른쪽은 주존불의 성중들 부분도이고, 오른쪽 위는 괘불 탱화 전체의 모습, 아래는 화면 하단의 구법승 모습이다. 1653년. 충북 유형 문화재 44호.

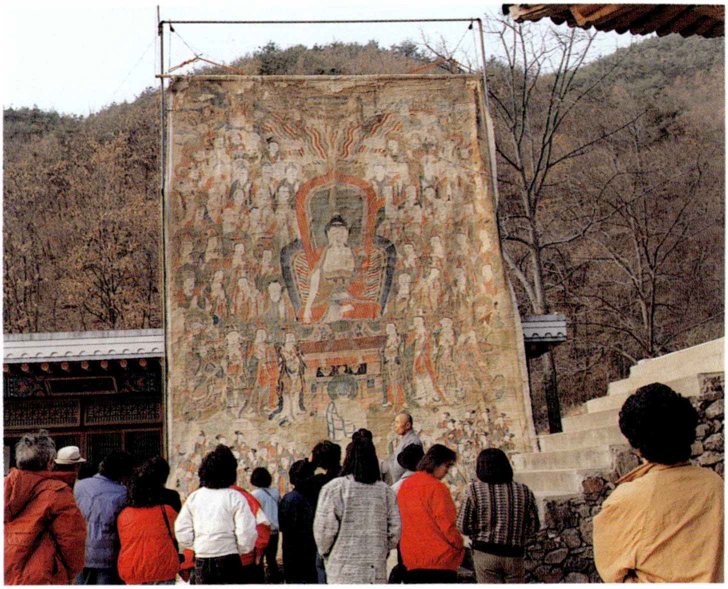

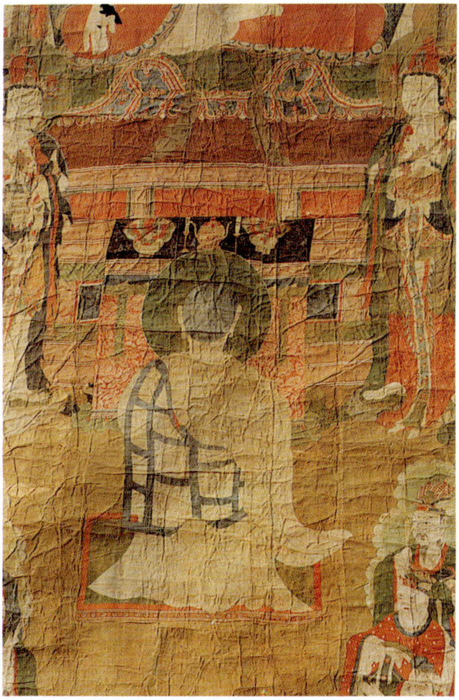

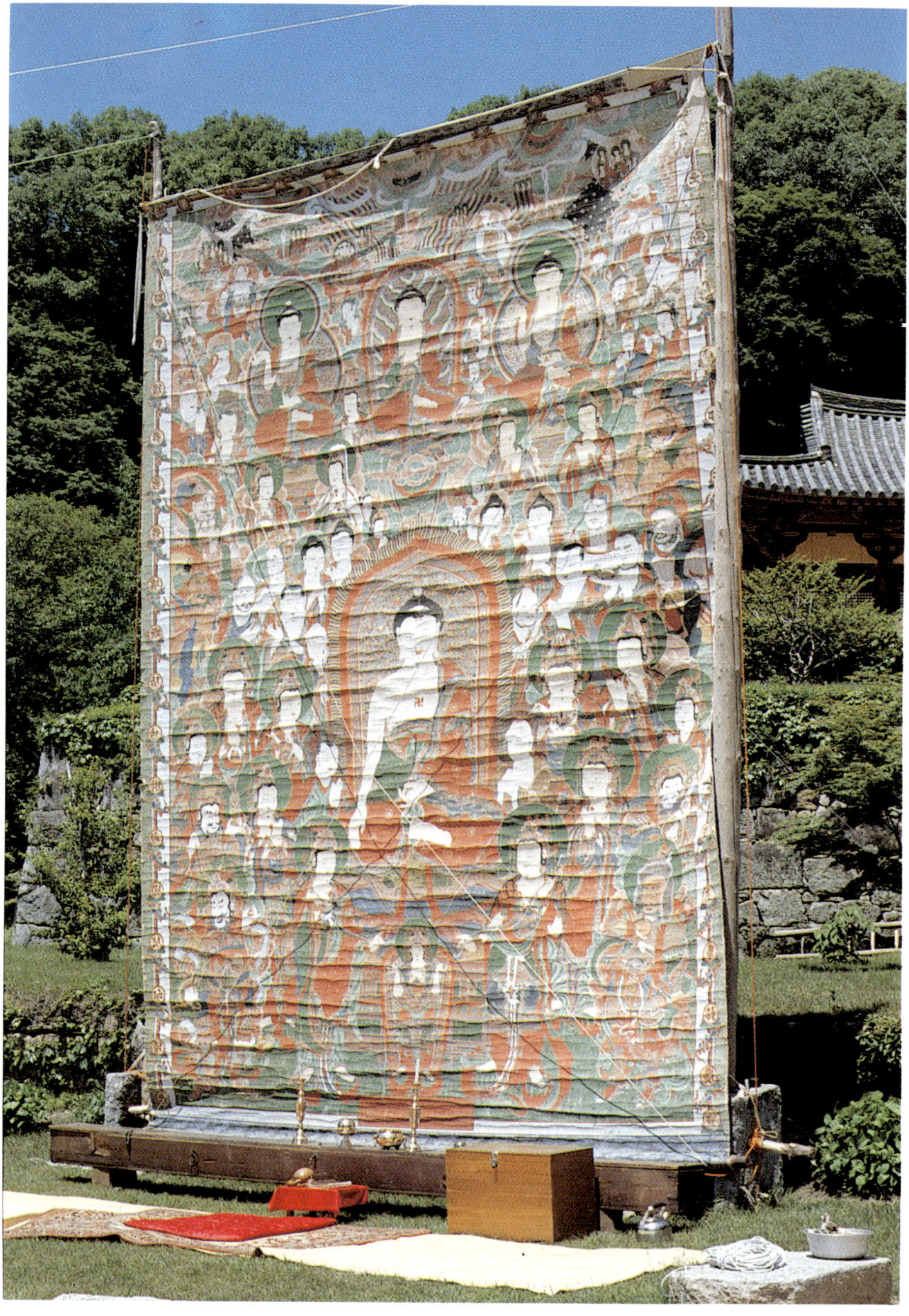

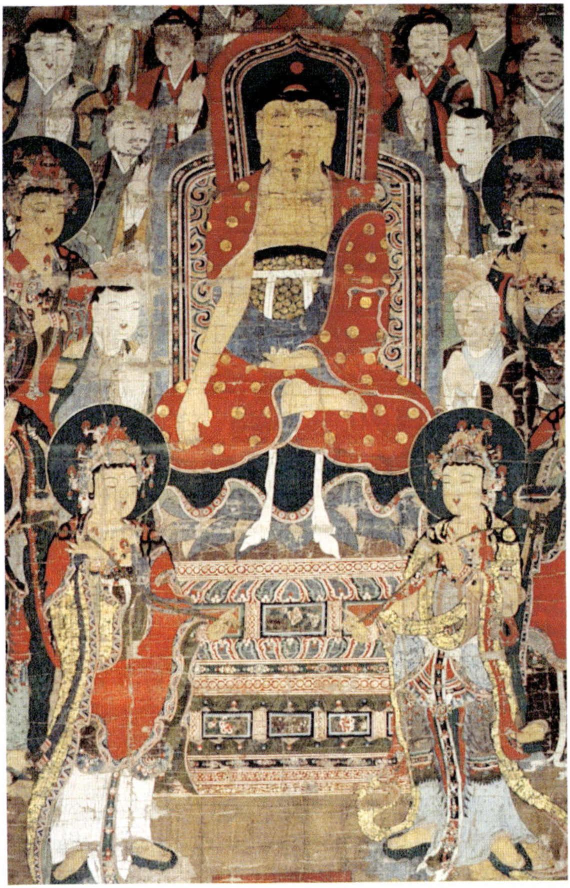

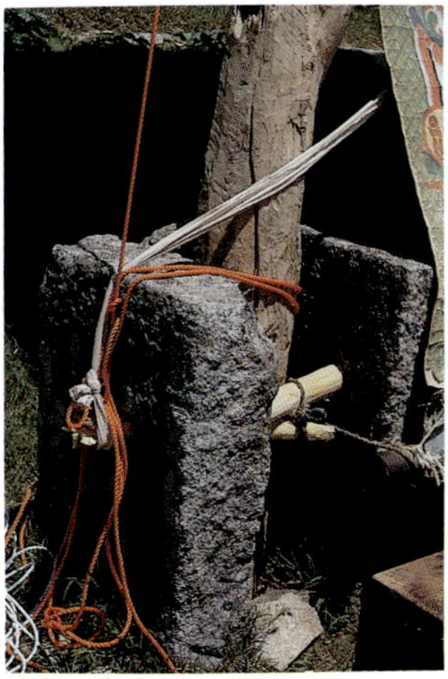

부석사 괘불 탱화 현재 부석사에서 소장하고 있는 1745년작 괘불 탱화이다.(왼쪽)
현재 국립중앙박물관 소장인 1694년작 괘불 탱화이다.(오른쪽 위)
부석사에는 괘불 석주에 쐐기를 박아 괘불대를 고정시켜 놓았다.(오른쪽 아래)

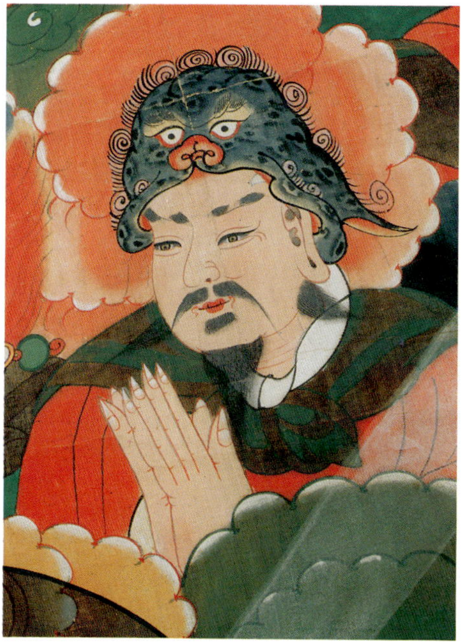

용흥사 괘불 탱화(부분) 머리에 해태 탈을 쓴 문수보살의 모습이다. 1684년.(위) 승각기를 맨 부분으로 금박의 당초 문양이 매우 세련되었다.(아래)

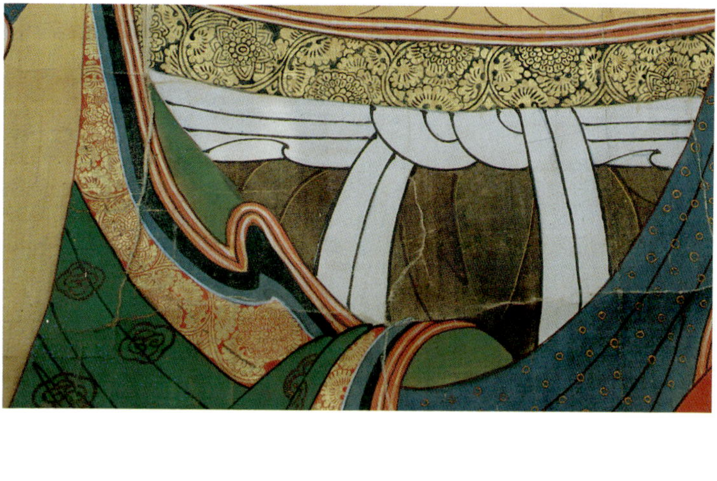

전기에 속하는 영산회상도 가운데 정확하게 삼존불 형태를 띠고 있는 것으로 용흥사와 도림사의 두 괘불을 들 수 있다. 용흥사의 괘불은 석가여래를 중심으로 아미타불과 약사불을, 도림사는 관음, 세지보살을 각기 좌우 협시로 하였다. 이러한 삼존 형식이면서도 후기에 속하는 입불 형식으로 제작된 영산회상 괘불 탱화는 상주 북장사(尙州北長寺), 구례 천은사(求禮泉隱寺), 부안 내소사(扶安來蘇寺), 예천 용문사(醴泉龍門寺), 진양 청곡사(晋陽青谷寺), 무주 안국사(茂朱安國寺), 양주 봉선사(楊州奉先寺), 부안 개암사(扶安開岩寺), 승주 선암사(昇州仙岩寺), 합천 해인사(陜川海印寺), 서울 흥천사(興天寺), 봉은사(奉恩寺), 봉원사(奉元寺), 화계사(華溪寺), 지장암(地藏庵), 백련사(白蓮寺) 등이 있다.

64쪽 사진
68, 69쪽 사진
67쪽 사진

이러한 후기 양식의 영산회상도는 1존불, 3존불, 7존불로 나누어지는데 1존불로는 상주 북장사, 무주 안국사, 승주 선암사, 구례의 천은사, 경주 불국사를 들 수 있다. 이 가운데 선암사의 괘불 탱화 기명에 "건륭 18년 계유 10월 일신화성(乾隆十八年癸酉十月日新畵成)"의 제작 연대 표시와 함께 99명의 시주자의 명단과 34명의 영가가 빨리 서방 극락 정토로 가기를 빌었고(各各靈駕往西方速西方), 106명의 스님이 24개 사암 당우(堂宇)에 살고 있었음을 기록하고 있다. 4명의 금어와 8명의 화사 스님이 그렸으며, 중앙 화기 명문에 "영산교주 석가모니불 만덕 존상 탱(靈山教主釋迦牟尼佛萬德尊相幀)"이라 하여 영축산에서 설법하시는 만 가지의 덕을 겸비한 거룩한 부처님을 묘사하였다. 이는 보는 사람에게 환희심을 불러일으키게 하는 효과를 노린 것이다. 화면을 가득 메운 큰 보주형(寶珠形)의 광배 안에 거대한 불상을 배치하였는데 뾰족한 육계, 둥그런 얼굴, 안정감이 있어 보이는 당당한 체구, 오른손을 길게 내리고 왼손을 가슴에 대고 있는 인상(印相), 우견 편단(右肩偏袒)의 화려한 불의 등은 전형적인 17, 18세기의 불화 양식을 잘 나타내고 있다.

82쪽 사진

1존불 양식 가운데 북장사와 안국사의 경우는 주존불만 대형화되었을 뿐 소형화된 좌우 보처 협시들이 모두 등장하고 있어 내용면에서는 단독불로 규정짓기 어렵다. 더구나 안국사의 경우는 좌우 협시보살의 명문이 있는데 오른쪽 위에 "극락도사아미타불(極樂導師阿彌陀佛)", 아래에 "관음 대세지 보살(觀音大勢至菩薩)", 왼쪽 위에 "증청묘법다보여래(證聽妙法多寶如來)", 아래에 "문수 보현 대보살(文殊普賢大菩薩)"로 부처님이 영축산에서 설법할 당시 주축을 이루었던 불보살들이 모두 묘사된 느낌이다.

안국사를 비롯한 청곡사, 운흥사, 개암사의 괘불 탱화는 같은 의겸(義謙) 스님의 작품으로 동일 내용이며 도상의 크기만 다를 뿐이다. 또한 내소사의 7존불에도 똑같은 명문이 있는 괘불이 있으며, 1776년에 제작된 천은사 아미타극락회상도의 명문 등은 조선시대 불화 도상 연구에 귀중한 자료가 된다. 같은 시기에 대형화된 독존보살상의 괘불이 유행하는데 어떤 계기로 변천되었는지에 대해 규명하기 위해서는 좀더 많은 자료가 나오기를 기대하고 있다.

74, 76, 78, 83쪽 사진

3존불 형식의 영산회상 괘불 탱화로는 용문사, 청곡사, 운흥사, 봉선사, 개암사, 흥천사, 봉은사, 향천사, 해인사, 봉원사, 백련사, 화계사의 탱화 등이 있다.

영산회상도를 비롯한 전반적인 괘불 탱화의 변천이 1800년을 전후하여 크게 변화하였음을 알 수 있다. 채색, 구도, 수인, 문양, 바탕 등의 재질까지도 크게 변화하였다. 1832년 흥천사 괘불 탱화 이전 작품에서는 조선시대의 전형적인 불화 양식이 유지되다가 1886년 봉은사의 괘불 탱화부터는 균형이 깨지고 현격한 퇴보 현상이 나타난다. 이 무렵에 제작된 괘불이 서울 근교에 제법 많이 남아 있는데 모두 비슷한 구도의 영산회상이다.

다른 불화에서도 마찬가지이지만 1900년경에는 사실상 불화의 맥이 끊어진 상태라고 보아야 할 것이다.

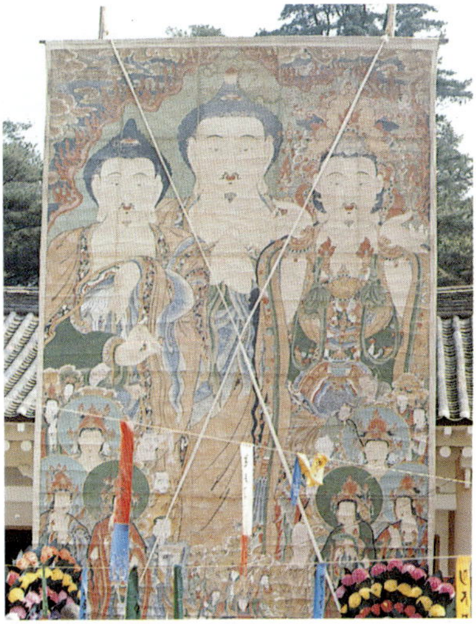

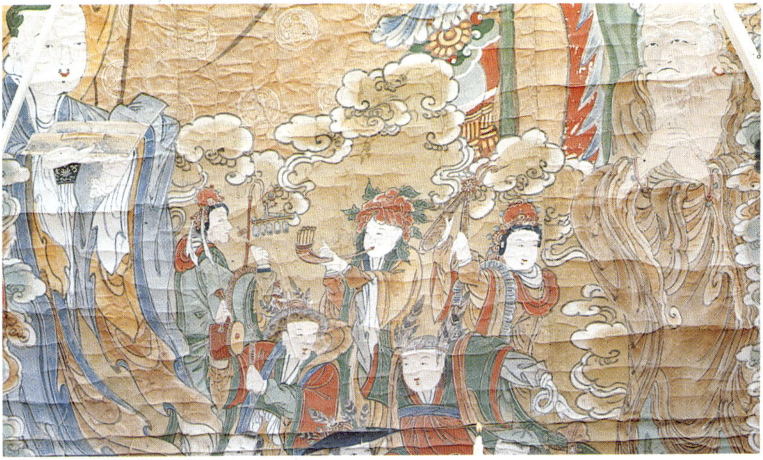

봉선사 괘불 탱화 서울 근교에서 가장 크고 연대가 올라가는 괘불 탱화로 석가모니불을 주존으로 관음, 세지보살이 시립한 3존 입불 형식이다. 1735년.(위)
아난과 가섭존자 사이에 주악 무녀들이 보인다.(아래)

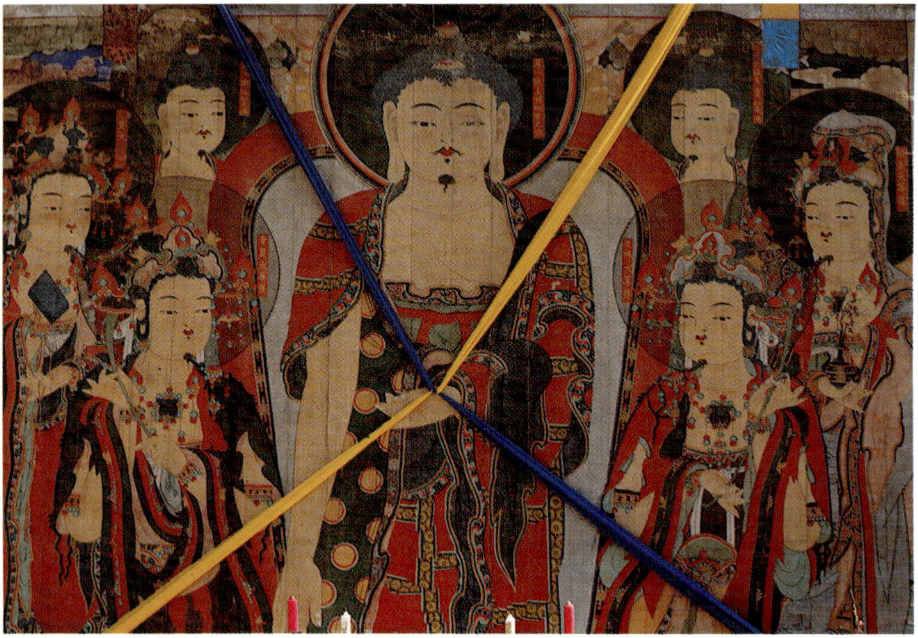

내소사 괘불 탱화 석가모니불을 중심으로 각 존상의 명문이 있는 입불 형태로 날씬하고 세련되어 보이는 체구와 화려한 옷의 문양, 밝고 화려한 채색 등이 수준 높은 불화임을 증명하고 있다. 1700년.

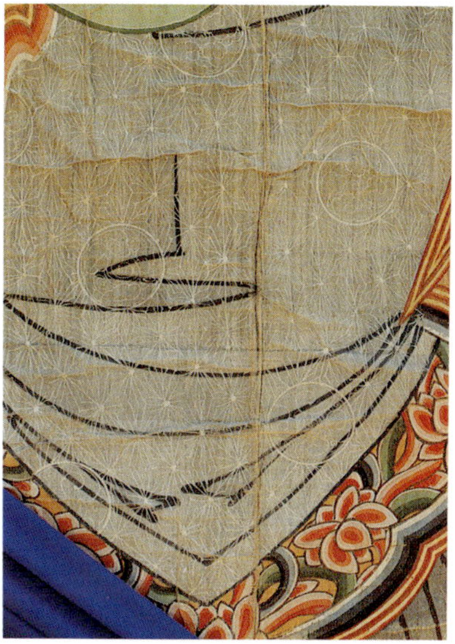

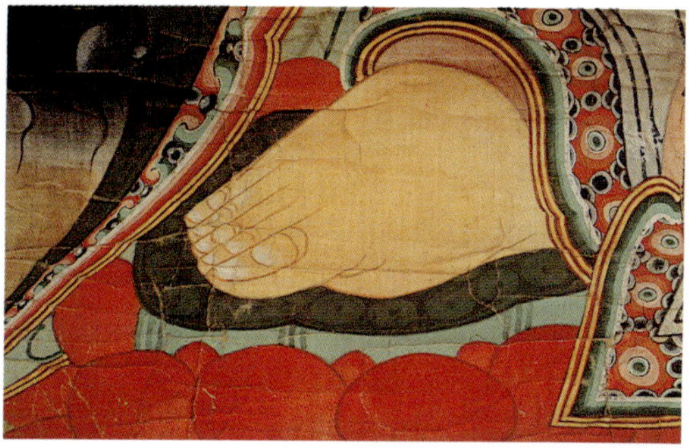

내소사 괘불 탱화(부분) 불보살의 속옷은 속이 훤히 보이는 사라 또는 사루라고 불리는 비단으로 그려진다.(왼쪽)
법의에 가려진 발 부분이다.(오른쪽)

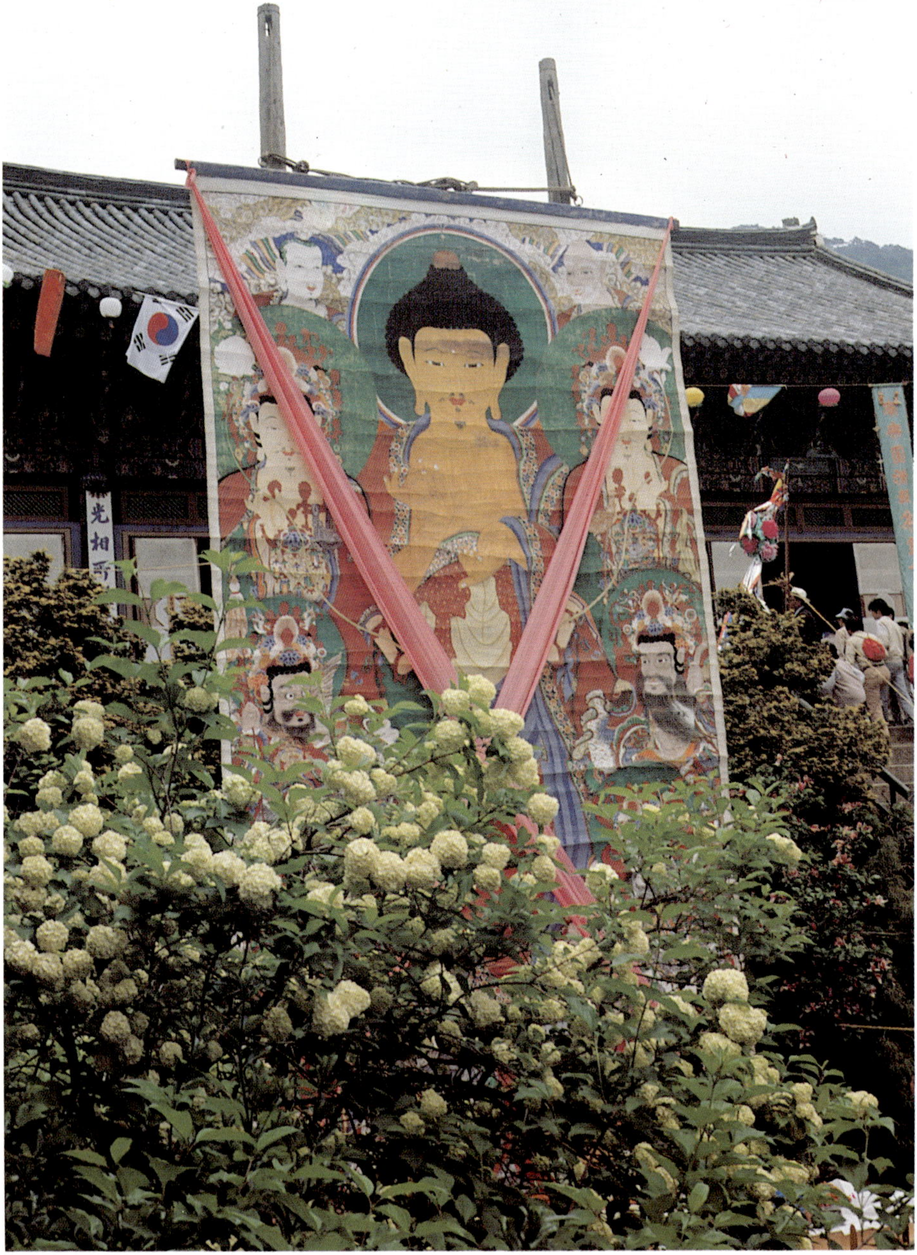

光相

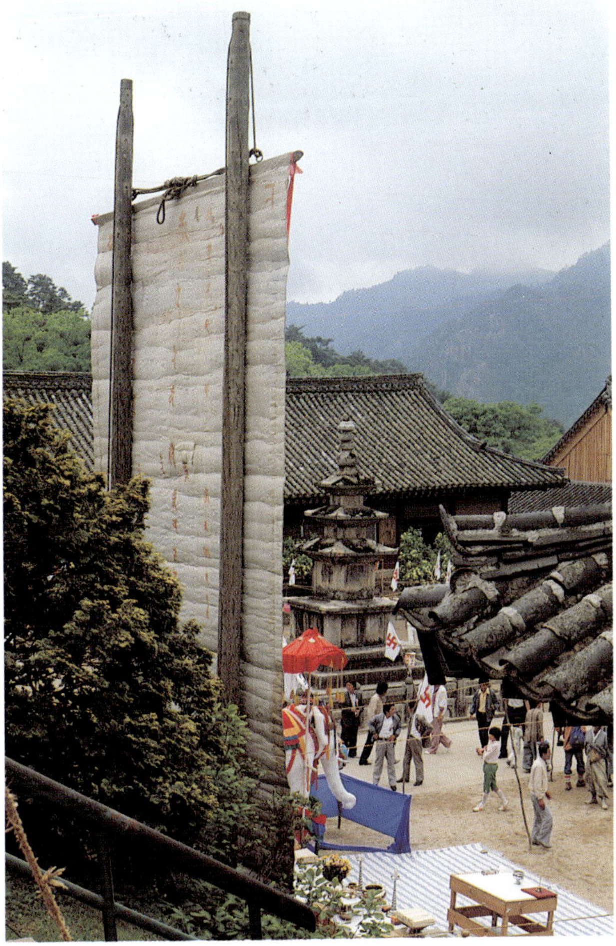

해인사 괘불 탱화 영산회상 입불로 시대가 내려가면서 규모가 적어지고 내용도 축소되지만 채색이나 필선은 크게 변하지 않았다. 1890년.(왼쪽)
괘불의 후면에 범어 다라니가 적혀 있다.(오른쪽)

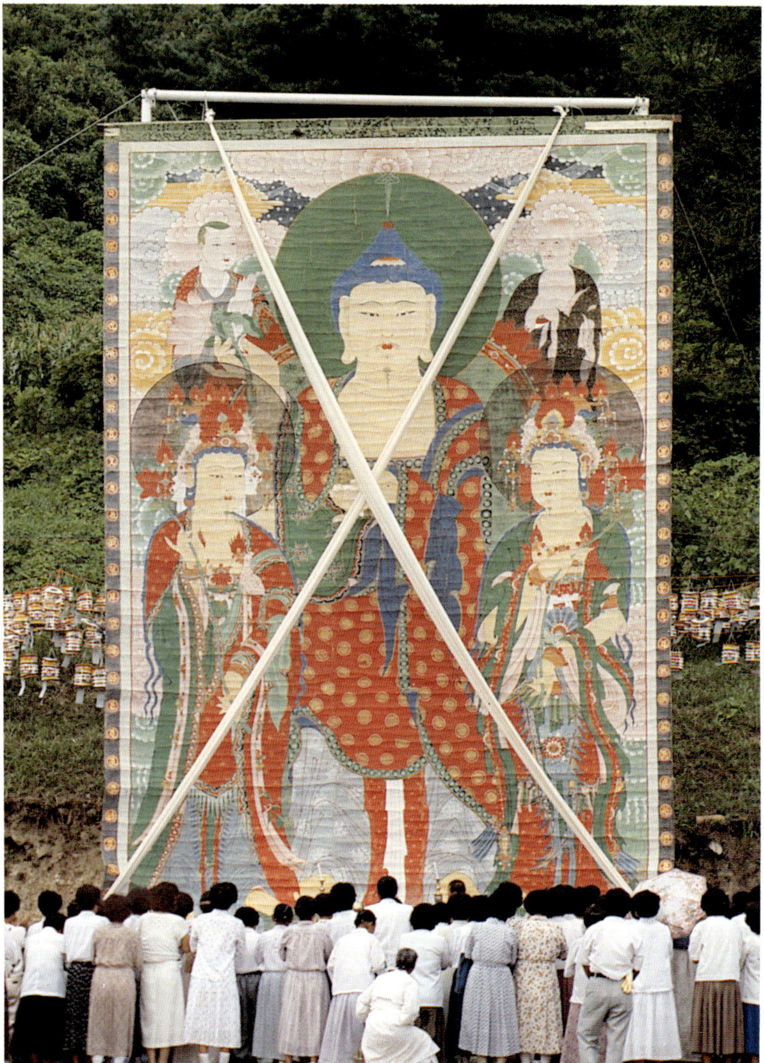

예천 용문사 괘불 탱화 석가모니불을 중심으로 관음, 세지, 아난과 가섭을 좌우 대칭으로 그렸다.

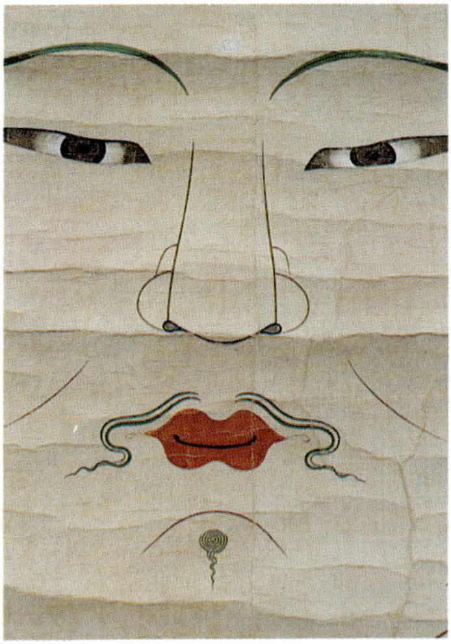

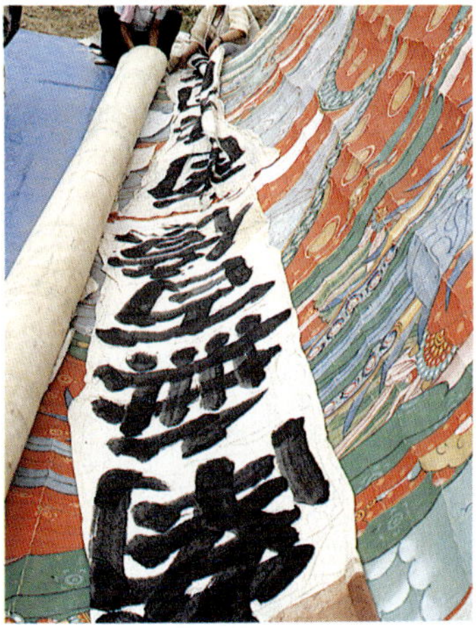

용문사 괘불 탱화(부분) 주존불의 상호이다.(위)
괘불을 모실 때 장엄용으로 매달던 주련으로 "남무백억무량수불"이라고 씌어 있다.(아래)

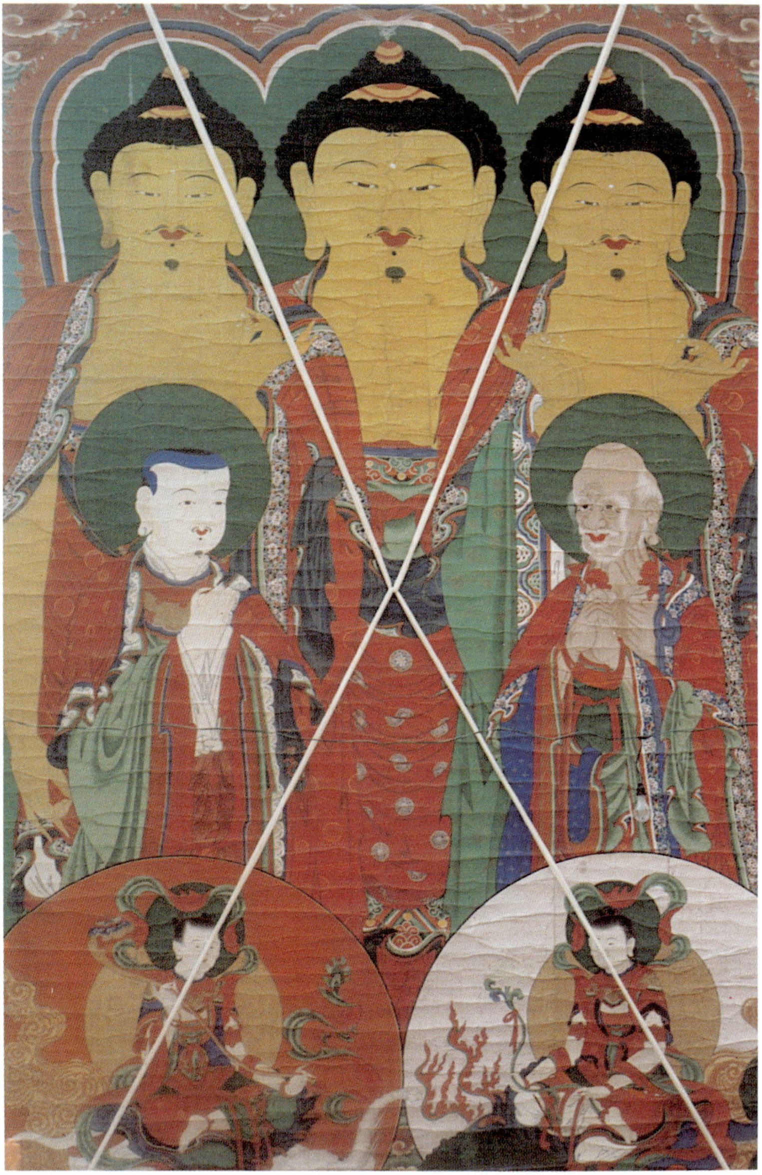

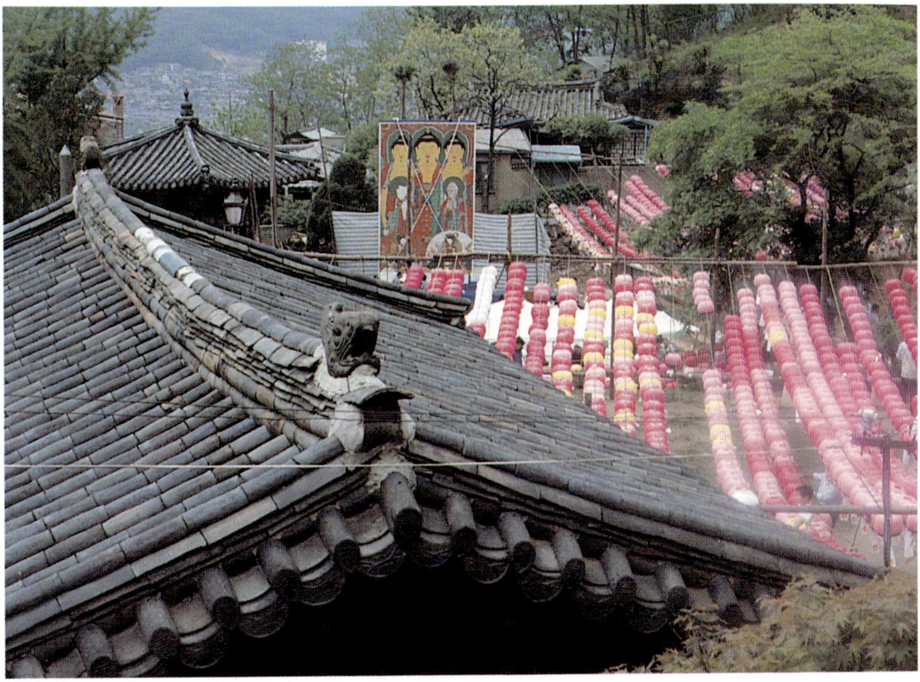

백련사 괘불 탱화 1892년에 제작된 괘불 탱화이다.(왼쪽)
백련사의 초파일 괘불을 중심으로 오색등이 장식되며 수많은 대중이 예불을 올린다.(오른쪽)

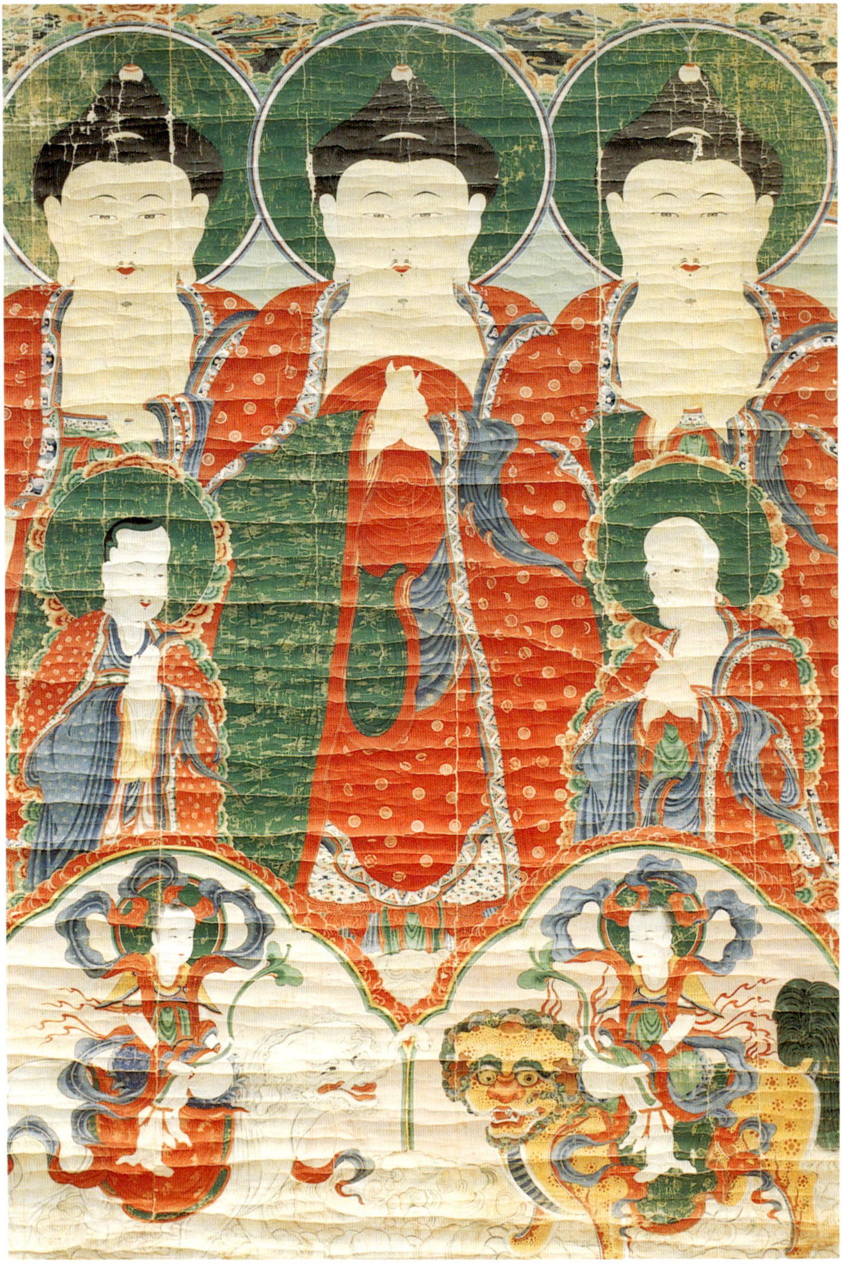

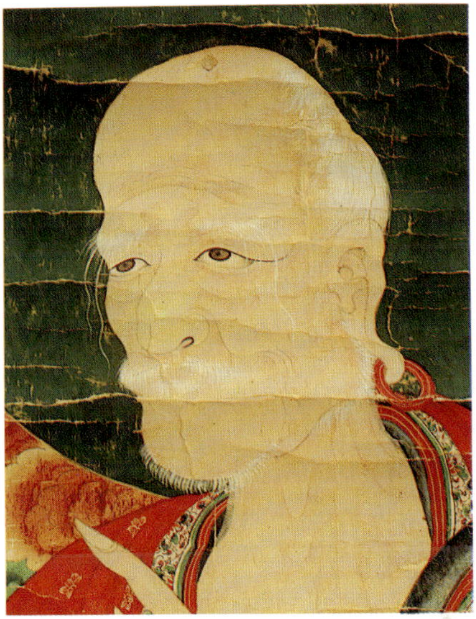

홍천사 괘불 영안 부원군, 옹주, 공주, 상궁 등 궁중의 시주로 조성된 괘불이다. 홍천사는 신흥사로도 불린다. 1832년.(왼쪽)
가섭존자(오른쪽)

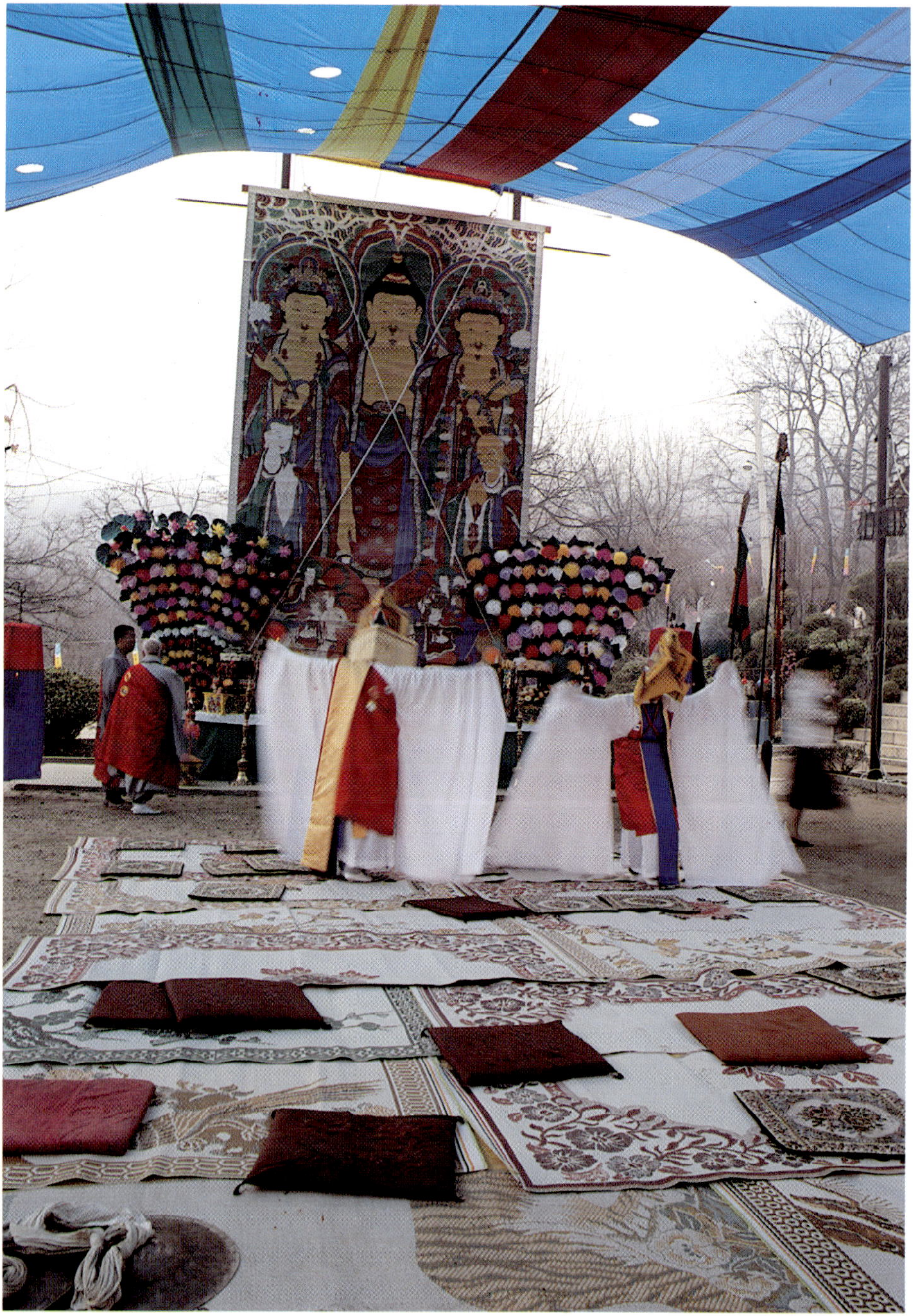

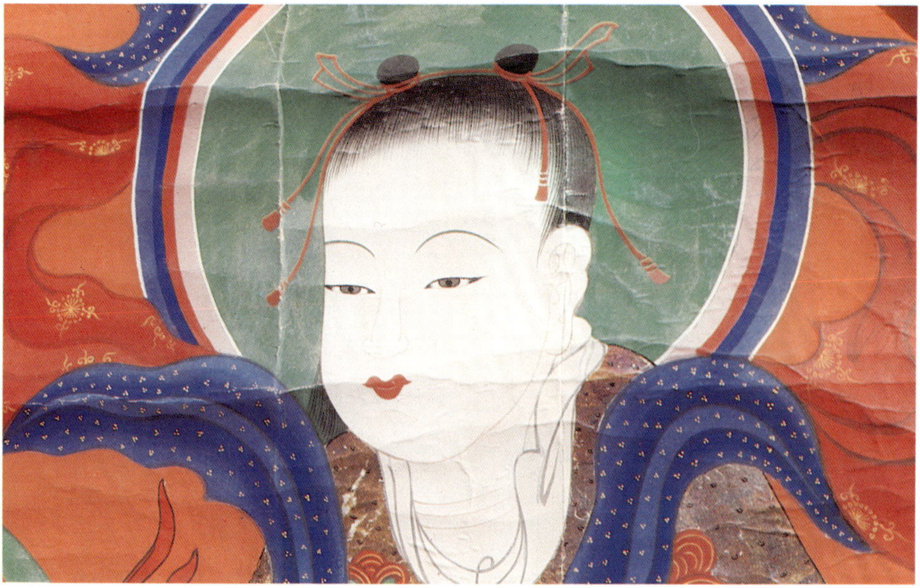

봉원사 괘불 탱화 괘불을 내 모신 다음, 춤으로 공양을 드리는 모습이다. 승려들이 나비춤을 추고 있다. 1897년 제작.(왼쪽)
지혜와 공덕의 상징인 문수동자. 리본을 이용하며 머리를 2개의 봉오리로 묶었는데 이를 종종머리라고 한다.(오른쪽)

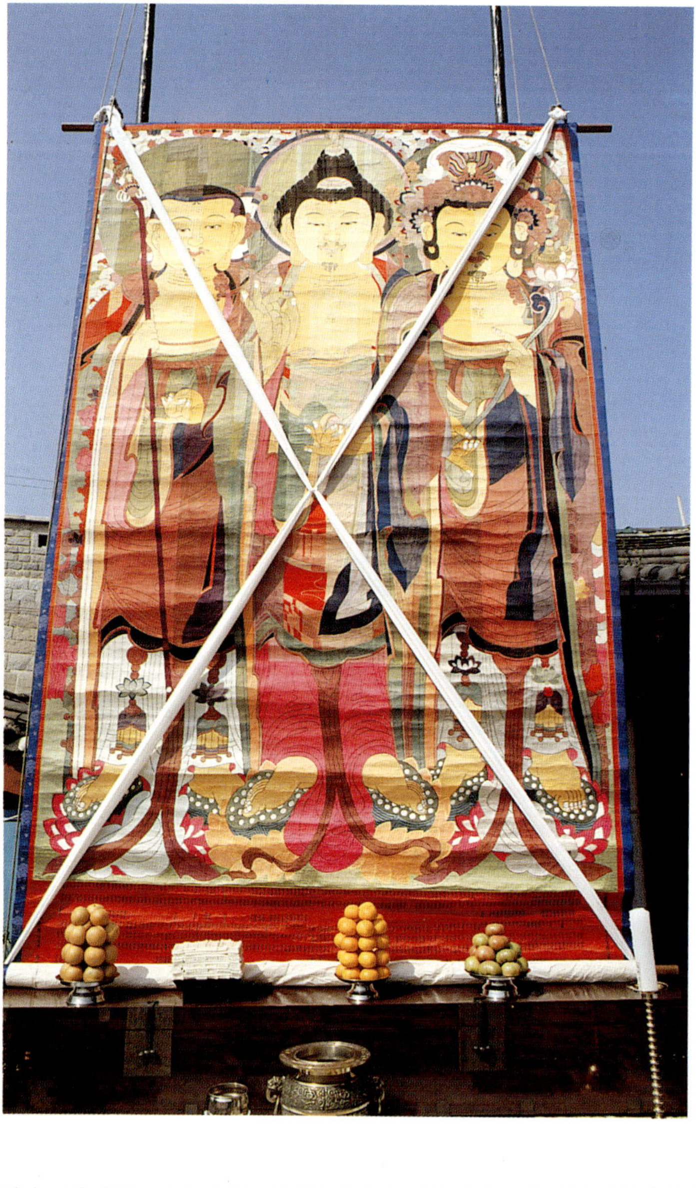

지장암 괘불 탱화 자수 괘불로 유일한 것이다. 지극 정성, 소원 성취 발원이 함축된 작품이다. 1924년.

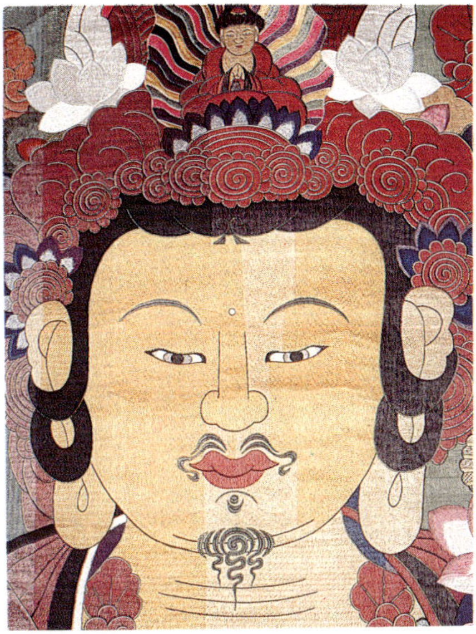

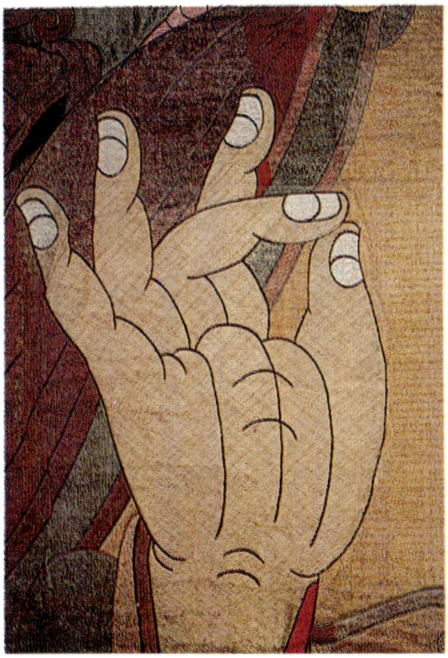

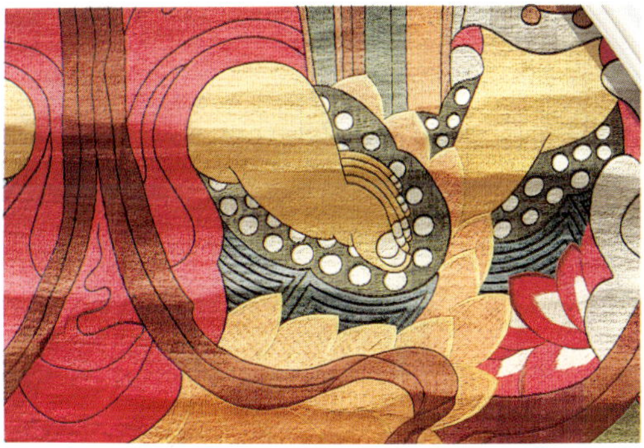

지장암 괘불 탱화(부분) 위는 화불이 있는 관음보살, 아래 왼쪽은 설법인의 수인, 오른쪽은 주존의 발 부분이다.

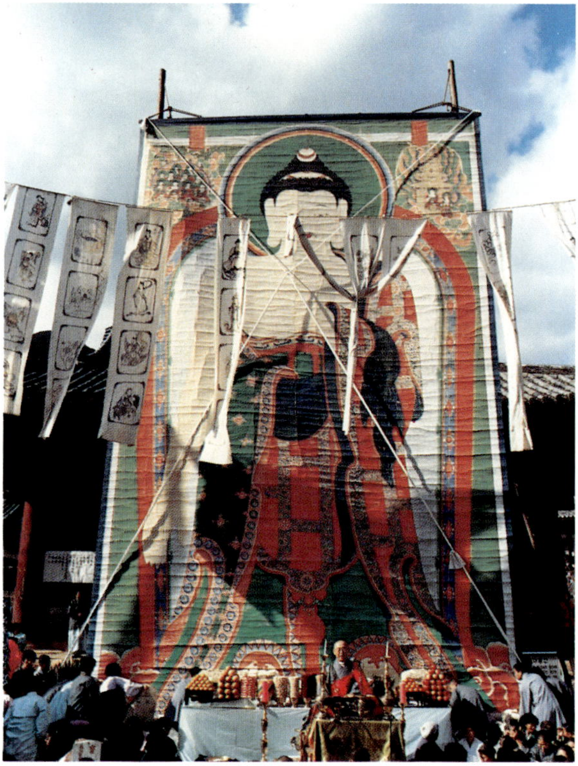

선암사 괘불 탱화 영산회상 입불로 독존 양식이다. 천은사, 불국사의 괘불과 양식상 맥을 같이 한다. 1753년.

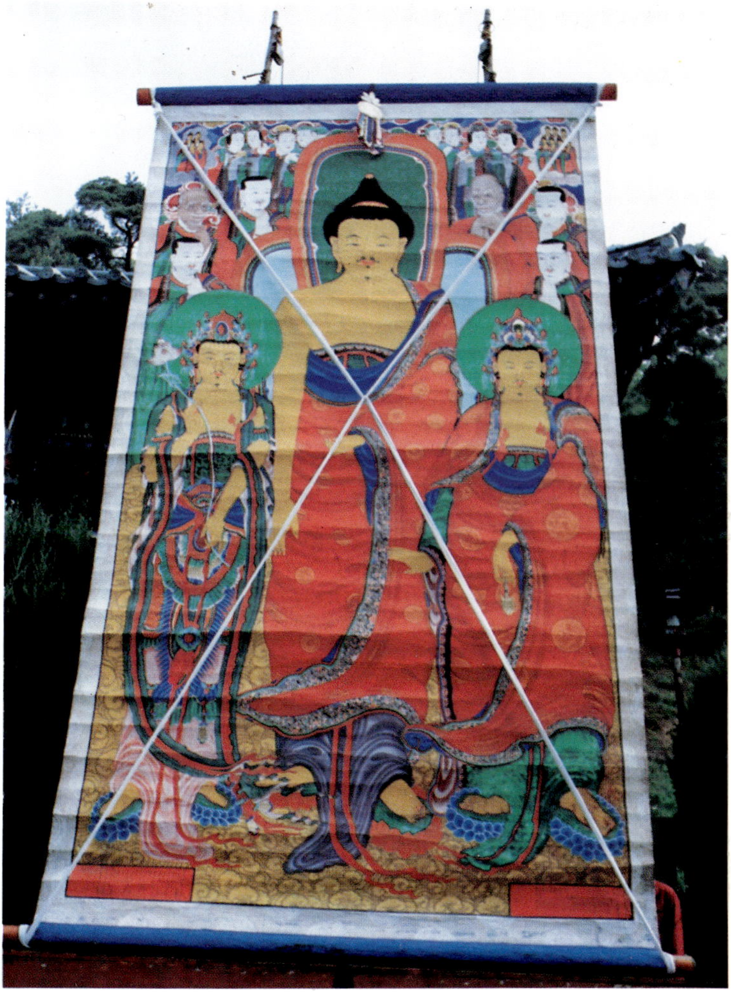

향천사 괘불 탱화　1889년 제작.

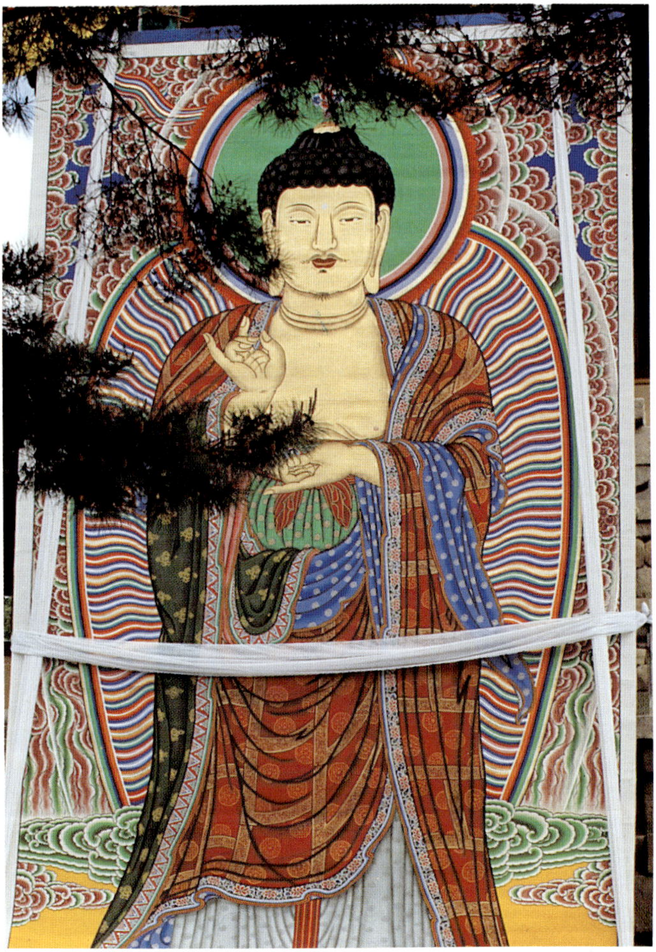

불국사 괘불 탱화 음영법이 잘 표현된, 시대가 매우 내려오는 괘불 탱화이다.

통도사(通度寺) 괘불

통도사는 신라시대 자장 스님이 당나라에서 모셔온 사리들을 봉안하여 금강 계단을 쌓고 부처님의 친착 가사와 함께 최초로 대장경을 봉안하는 등 일찍이 문화의 터전을 마련하였다.

이로 인하여 통도사는 삼보(三寶) 사찰 가운데 불보 종찰(佛寶宗刹)로서 많은 사람들의 복전이 되고 있으며, 오늘날까지도 많은 불교 문화재가 전래되고 있다.

통도사의 괘불 탱화 3점은 용화전 법당 안에 보관되어 전해지고 있는데 2점의 보살상은 18세기 후반의 작품이다. 또 1점은 규모가 작고 화법이 떨어지는데 1930년에 제작된 것으로 말사(末寺)의 작은 절에서 행사 때 빌려다 모실 수 있도록 이동이용이한 괘불이다.

2점의 괘불 탱화 가운데 하나는 "건륭 32년 정해 9월 일 괘불1좌(乾隆三十二年丁亥九月日掛佛一座)"의 화기(畵記)로 보아 1767 89쪽 사진
년 9월에 제작되었고, 다른 한 점은 "대청 건륭 57년 임자 8월 일 양산 통도사 괘불화성 봉안(大淸乾隆五十七年壬子 八月日 梁山通度寺掛佛畵成奉安)"의 내용으로 보아 25년 뒤인 1792년에 제작되었다. 90쪽 사진

2점 모두 채색이나 상태가 완전하며, 크기에만 약간의 차이가 있을 뿐 같은 본으로 그려진 것으로 내용이 똑같은 괘불이다. 통도사에는 유일하게 괘불을 제작하게 된 동기와 찬(贊)을 기록한 소나무판에 음각된 괘불 현판 명문이 남아 있다. 원래는 1649년에 제작된 괘불이 있었는데 파손이 심하여 118년 후에 태활(兌活) 스님이 화주가 되어 다시 조성하였다는 기록이 있다.

이러한 명문은 매우 귀중한 자료로 이를 통해 통도사에는 순치 6년(1649)에도 괘불이 있었다는 것과 그 수명이 118년이었다는 것을 알 수 있으나 아쉬운 것은 괘불의 주존이 어떤 부처님이었는지의 내용은 이 때에도 기록하지 못하고 있다. 괘불 현판에서 보다시

피 118년 후에 새로운 괘불이 조성되는데 비하여 상태가 완벽한 괘불을 두고 왜 25년 후에 똑같은 괘불이 조성되었는지 이유를 알 수 없다.

괘불 현판 명문의 내용은 다음과 같다.

乾隆三十二年丁亥九月日」改成掛佛記施主口余常觀毘盧法界身之廣博無邊表一味淸淨眞如理而黙坐今掛佛化主兌活成就我佛釋迦如來丈六金身畵像而請余記者勤勤余曰丈六金身乃毘盧法界身之影中影也以影中影何爲□而記其迹乎化主之言曰以影尋眞則乃見毘盧法界之身也以影尋眞之跡記之傳之如何如何余曰汝能知此而請之善不可加然而以影尋眞之言不是理外而乃見毘盧法界身之言猶較些了金剛經云若以色見我以音聲求我是人行邪道不能見如來又有三佛形儀摠不眞之言乎汝何謂見法界身余謂以影尋眞不是理外云者但恁玄則一隊無孔鐵鎚陸地平沈略說三佛之根可謂法身也者編法界而有餘卒無邊表至於此理擬心則差動念則乘但棲心無寄理自玄會而已所謂報身也者身表千丈入華藏界爲十地菩薩而說法也所謂化身也者謂丈六金身也乃好爲四聖六凡平等敗依各得利樂之身也故我佛滅度之後衆生慕此佛而畵成掛之於空中常說佛堂而利生也玆寺之掛佛成之於順治六年己丑歲則於今一百十八年之間質弊色偸者甚矣方欲重新之際丙戌年臘八成道齋爲風所破落大衆而憂二十七歲僧兌活非但有緣於此佛亦有緣於東萊地之人非但與化主有緣赤有緣於此佛故爲施主爲化主而成此佛像也前佛像之成其間百十八年之問利樂郡品之無窮則此佛之成亦耶踰於此年數而利洽當來則施主化主之功而爲如何裁余以從化主之恨託於是乎記以爲傳後世之觀感耳」

彊圉大淵爲玄 東沙門凝庵希有記

건륭 32년(丁亥,英祖43,1767) 9월 일 괘불을 고쳐 조성하고 기(記)하노라.

비로자나 법계신(法界身)이 넓고 넓어 변표(邊表)가 없고 일미청정(一味淸淨)한 진여(眞如)의 이치는 묵좌(黙坐)로다.

괘불을 화주(化主)한 태활 스님이 석가모니 부처님 장육금신(丈六金身)을 조상(造像)하고 기문청(記文請)하기를 수차례 할제, 내가 말하되 장육금신은 비로 법계신(毘盧法界身)의 영탱중(影幀中)의 영탱이다. 영탱중 모습으로 어찌 실(實)다움을 삼가

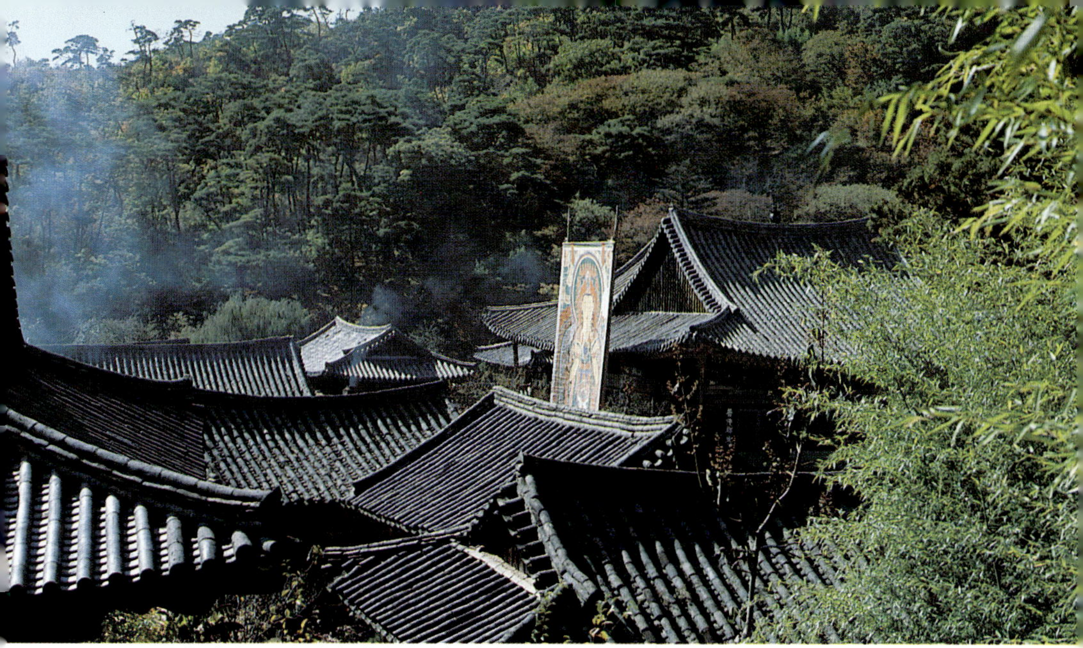

통도사 괘불 탱화 금강 계단 아래 불단을 설치하고 괘불을 모셔 놓았다.

그 자취를 기록하리오.

화주가 말하되 영탱에서 진(眞)을 찾으면 곧 비로 법계신을 본다 하는 말이 사자(些子)로 금강경대(金剛經大)에 비유함과 같으니, '만일 색으로 나를 보거나 음성으로 나를 구하면 이 사람은 사도를 행함이라 능히 여래를 보지 못한다' 하시고, 또 3불형의(三佛形儀)가 모두 진(眞)의 말씀이 아니겠는가. 네가 무엇으로서 비로 법계신(法界身)을 보겠는가. 영탱으로 진을 찾는 것이 이치를 벗어나지 않는다고 말한즉 구멍없는 철퇴를 가져 육지를 평심(平沈)하리라.

간략히 3불의 근(根)을 말하면 법신은 법계에 두루하되 남음이 있으며, 마침내 변표(邊表)함이 없으니 이 이치에는 마음을 헤아리면 어긋나고 마음을 움직여도 어긋나니 다만 무기(無寄)에 마음을 깃들여야 이치가 스스로 현회하리라.

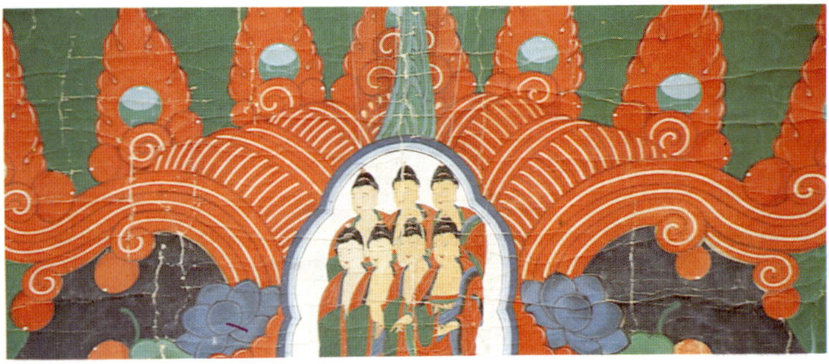

보신은 신장이 1,000장이요 8화장계는 십지 보살의 설법하는 곳이다.

화신은 장육금신을 말하니 4성 6범으로 평등하게 해의케 하여 각각 이락(利樂)의 몸을 얻게 함이니 고로 부처님 멸도 후 중생들이 부처님을 경모(敬慕)하여 영탱(影幀)을 조성하며 공중(空中)에 걸어 불당(佛堂)을 갖추어 중생을 이롭게 하는 것이다.

자사(玆寺)의 괘불이 순치 6년 기축(인조27, 1649 년)에 조상(造像)되었으니 즉 지금부터 180년 동안 질이 피폐하고 색이 바래기를 매우 심하더니 바야흐로 새롭게 만들고자 할 즈음에 병술년 납8성도재(臘八成道齋)에 바람으로 땅에 떨어져 파손이 되니 대중이 근심하거늘, 27세 승 태활이 불전에 인연이 있을 뿐만 아니라 동래 땅에도 인연이 있으며, 동래 사람은 화주를 할 뿐만 아니라 불전에 인연이 있는 연고로 시주와 화주를 하여 이 불상을 조성하였다.

전(前) 불상의 조성은 기간이 58년이라 그동안 중생을 이락하게 하는 것이 다함이 없으며, 이 불상을 조성하여 이익되고 흡족하게 한즉 시주와 화주의 공이 어떠하겠는가? 내가 화주의 간택함을 좇아서 이에 기록하고 후세에 관감(觀感)을 삼노라. 미위대연위현 동사문 응암 희유기(彌圍大淵爲玄 東沙門凝庵希有記)

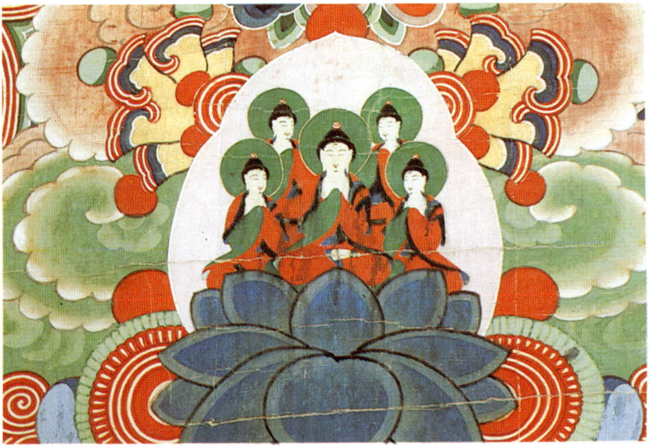

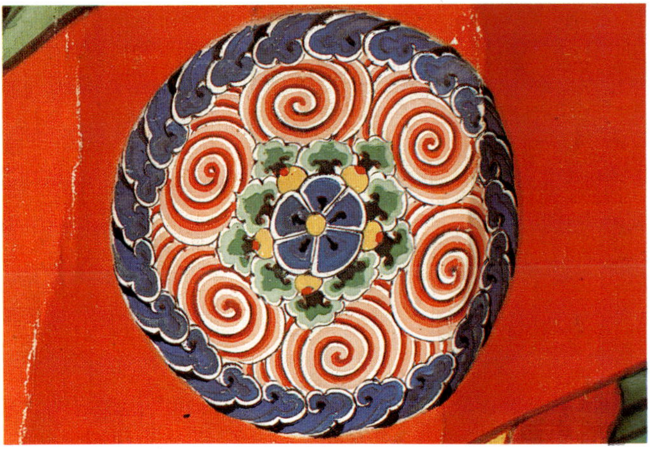

통도사 괘불 탱화(부분) 1792년에 제작된 괘불 탱화의 화관 부분이다.(왼쪽)
1767년에 제작된 괘불 탱화의 화관 부분의 화불이다.(오른쪽 위)
도식화 된 꽃 문양(오른쪽 아래)

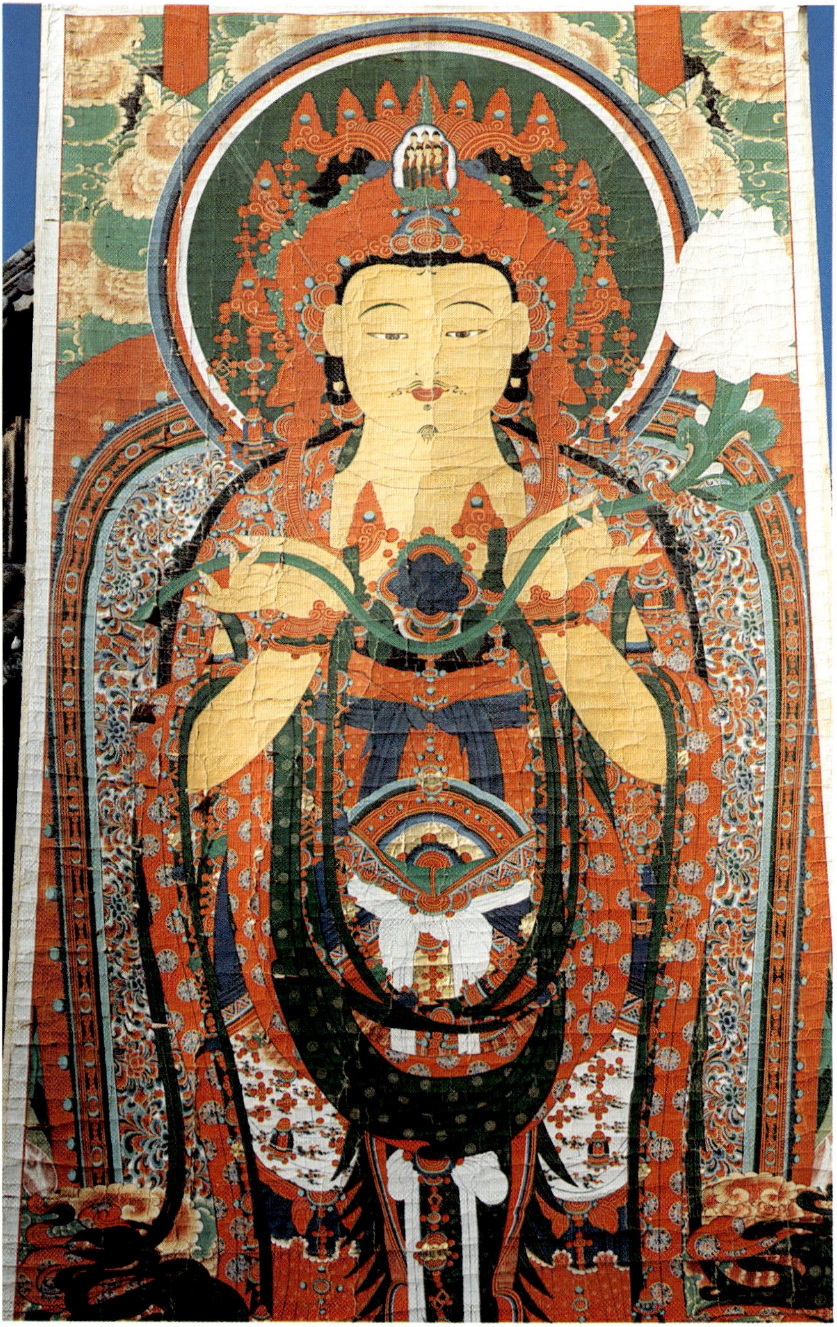

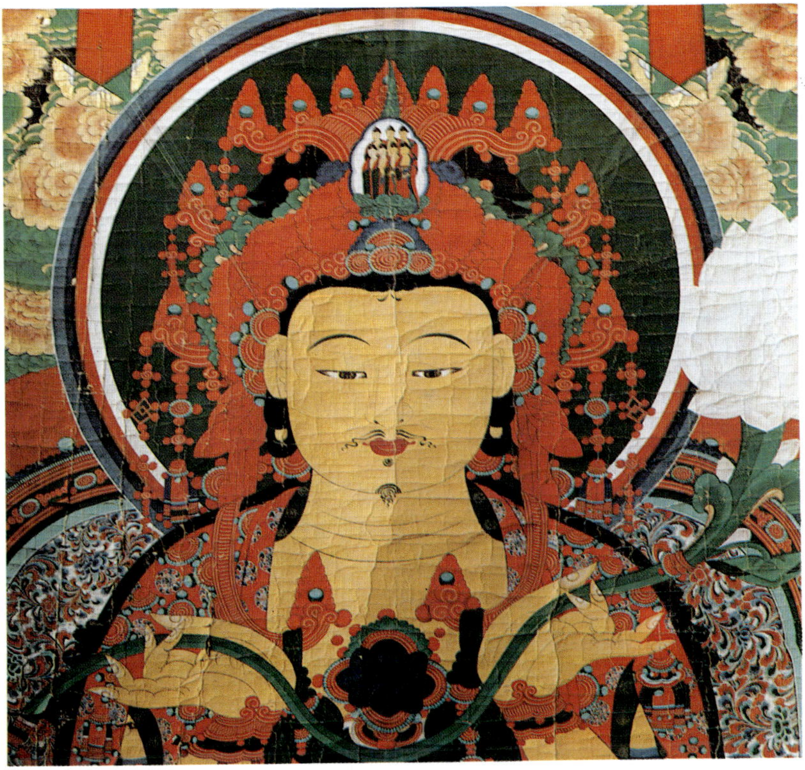

통도사 괘불 탱화 1792년에 제작된 통도사의 괘불 탱화는 용화전에 보관되어 있다. 왼쪽은 그림의 전체 모습, 오른쪽은 단독불인 주존의 얼굴 부분이다.

특히 통도사 괘불은 헌괘시에 사용되는 8금강, 4보살, 12지신상이 2벌씩이나 완벽하게 남아 있어 유일한 자료가 되고 있다. 원래는 도량 장엄용으로 괘불의 주위를 장식하게 되어 있으나 이곳 통도사는 금강 계단의 사면에 걸고 괘불은 법당 앞마당에 모시고 있다. 2점의 괘불은 큰 행사 때에만 교대로 모시는데 자세한 이름을 알 수 없다.

이러한 보살상들은 관음이나 미륵보살상으로 생각된다. 그러나 아직 명문이 발견되지 않아 도상에서의 화불이나 지물, 의상 등으로는 구분이 안 되고 있다.

다만 1627년에 제작된 무량사 극락보전의 괘불은 "천계 7년 정유 6월일 화성필 세명산현 지북령 만수산 무량사 미륵 괘불탱 1회 유전운(天啓七年丁卯六月日畵成畢世鳴山縣地北嶺萬壽山無量寺 彌勒掛佛幀一會留傳云……)"의 명문이 있어 미륵 괘불탱이 확인되고 있다. 화불이나 광배, 지물, 채색 등이 무량사와 같은 진안 금당사, 덕산 수덕사의 괘불은 미륵 괘불 탱화로 보아도 좋을 것이나, 보다 정확한 판단을 하기 위해서는 앞으로 더 많은 자료가 요청된다.

지금까지의 조사에 따르면 괘불들은 전반적으로 18세기 후반에 들어서 홍국사, 통도사, 직지사, 법주사, 쌍계사 등의 괘불에서처럼 보살상이 한때 유행하다가 19세기에 접어들면서 영산회상도나 아미타삼존탱으로 변화되고 있음을 알 수 있다.

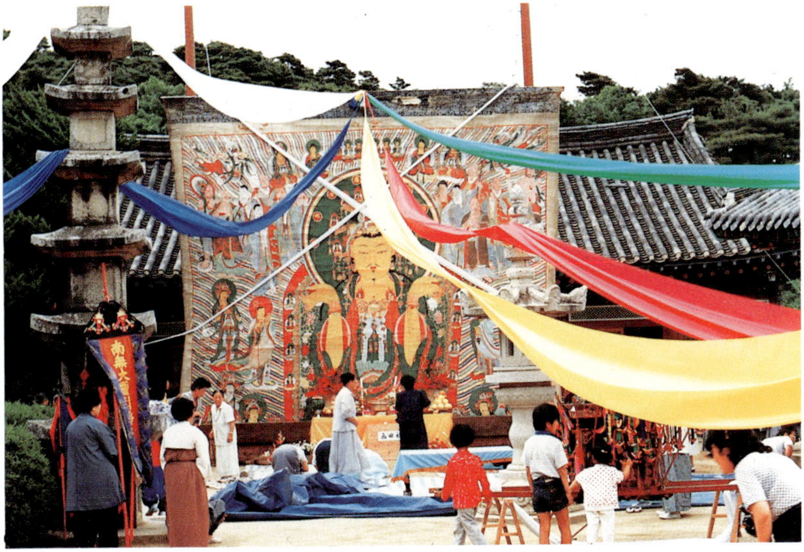

수덕사 괘불 탱화 무량사, 금당사의 괘불과 같이 미륵보살로 보이며 이름을 알 수 없는 수 많은 불보살들이 좌우 대칭으로 등장하고 있다.

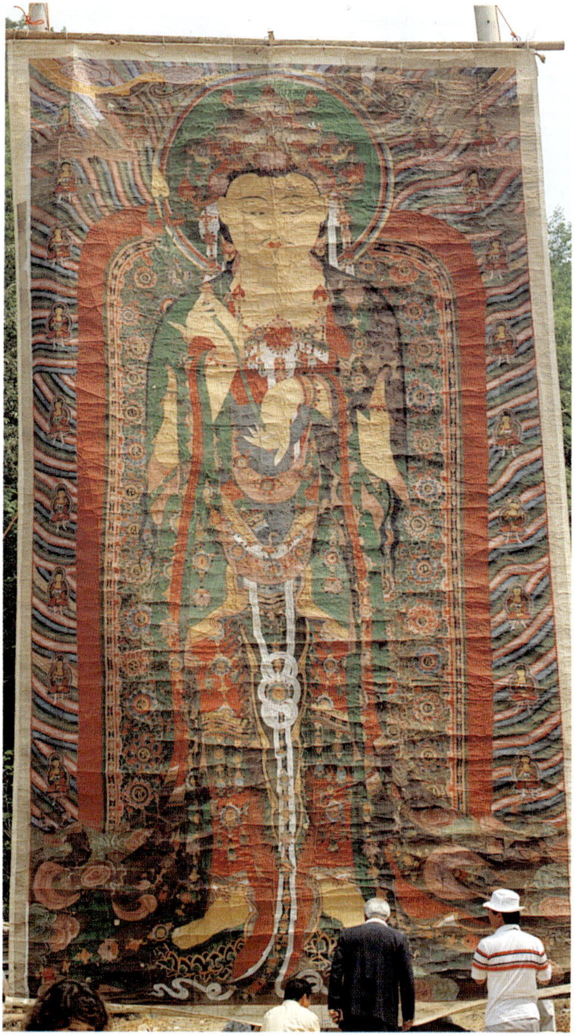

금당사 괘불 탱화 전북 유형 문화재 74호. 1682년.

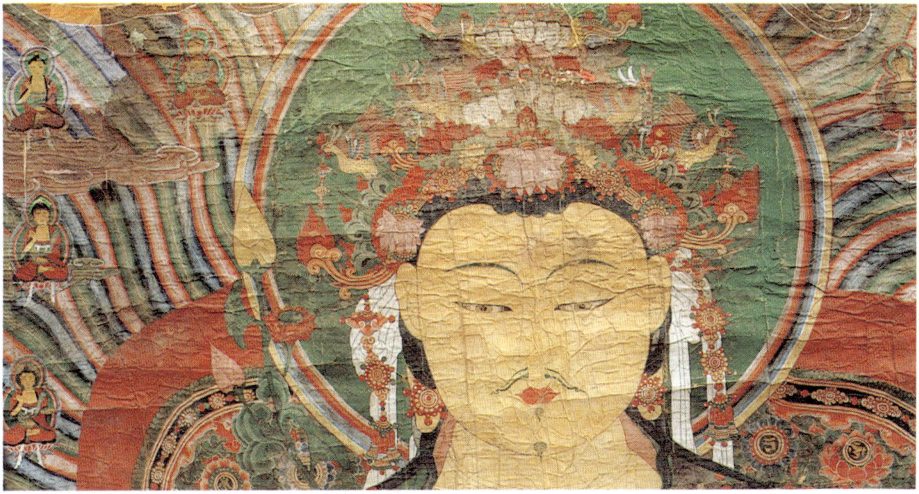

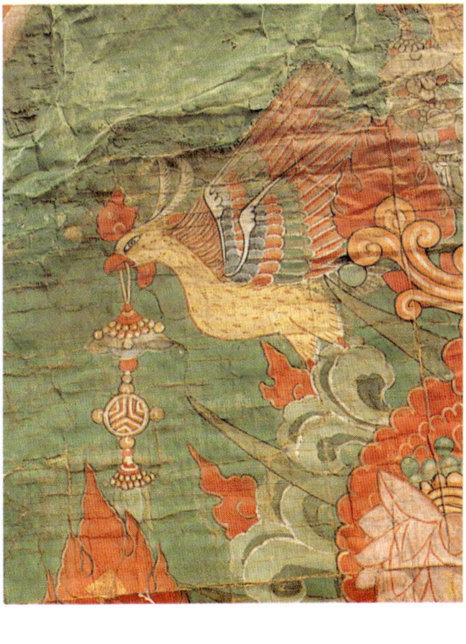

금당사 괘불 탱화(부분) 보관과 상호(위)
화관 장식(아래)

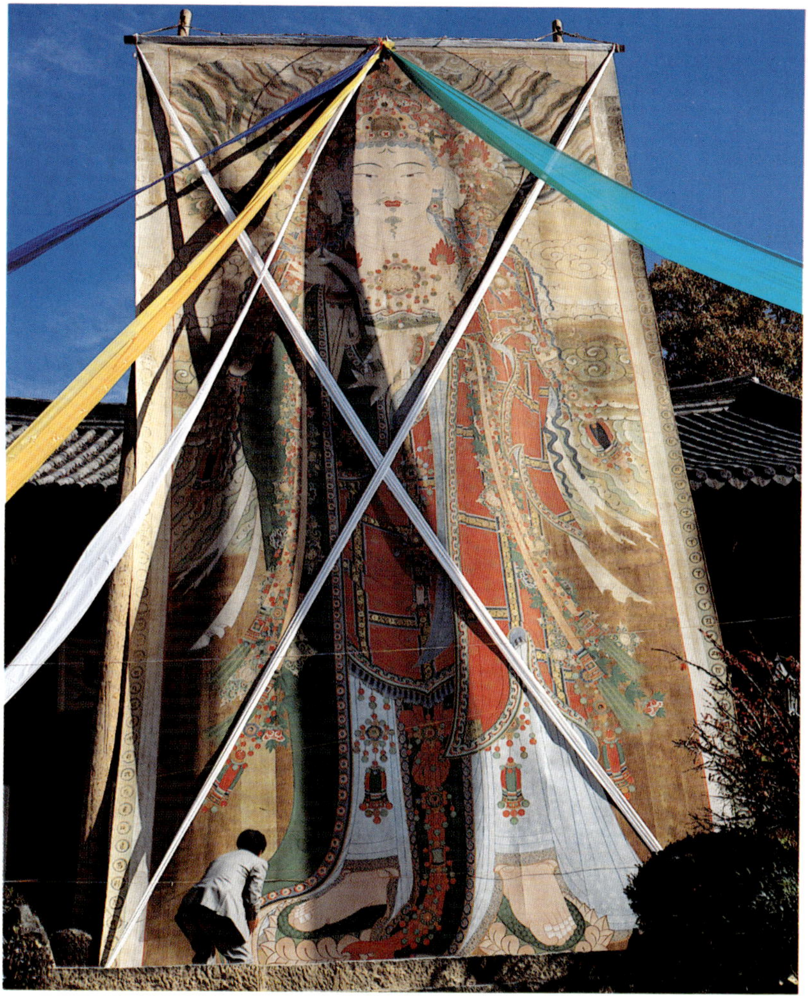

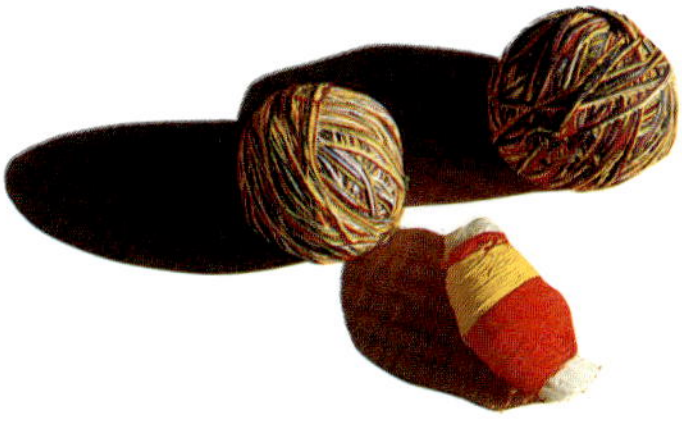

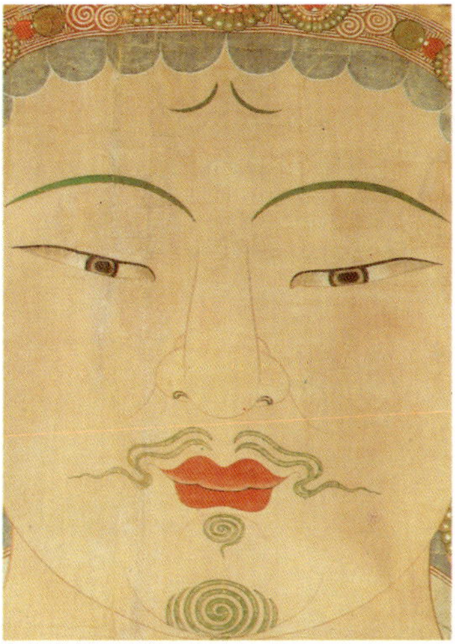

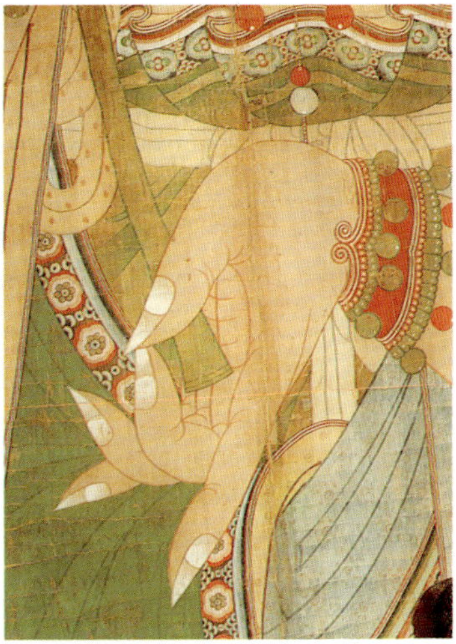

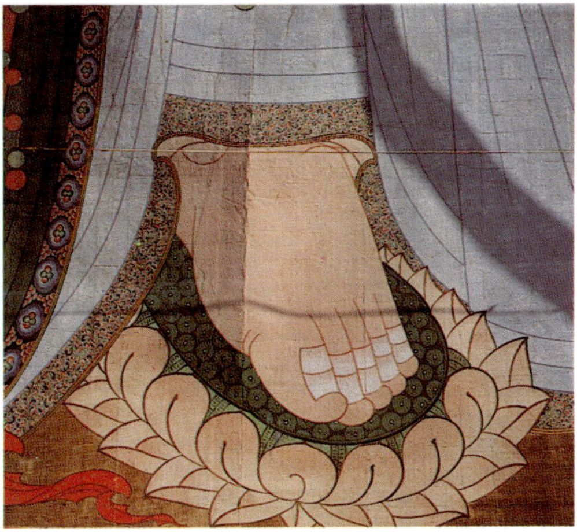

쌍계사 괘불 탱화 보수 작업을 끝낸 말끔한 괘불을 모시고 오색 천, 오색 실로 주위를 치장하고 점안식을 갖는다. 1790년 제작. (왼쪽 위, 아래)

쌍계사 괘불 탱화(부분) 위 왼쪽은 얼굴 모습이고, 오른쪽은 연꽃가지를 쥔 손의 부분도이다. 아래는 연꽃을 딛고 선 발의 모습.

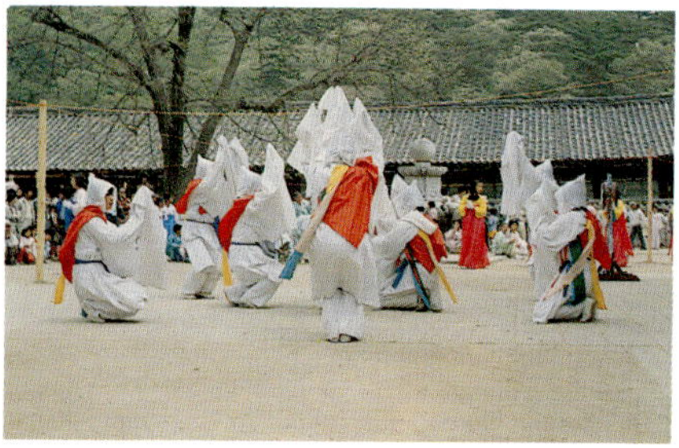

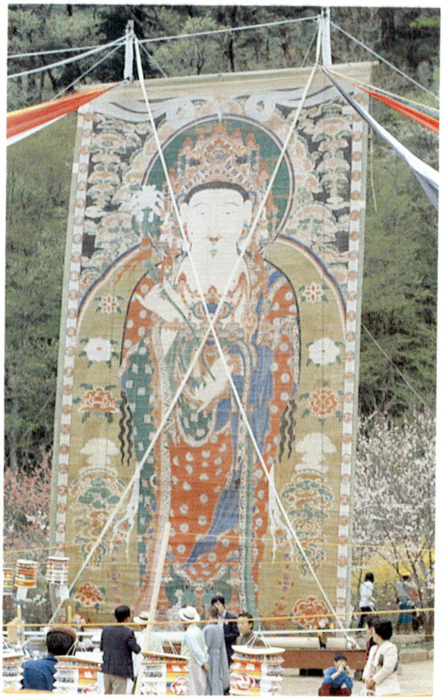

법주사 괘불 탱화 18세기 후반에 유행하던 전형적인 괘불 탱화로 광배 문양이 큼직한 꽃과 구름 무늬로 채워지고 있다. 괘불을 모신 야외 법단 앞에서 춤으로 부처님께 공양을 하고 있다.(왼쪽, 오른쪽)

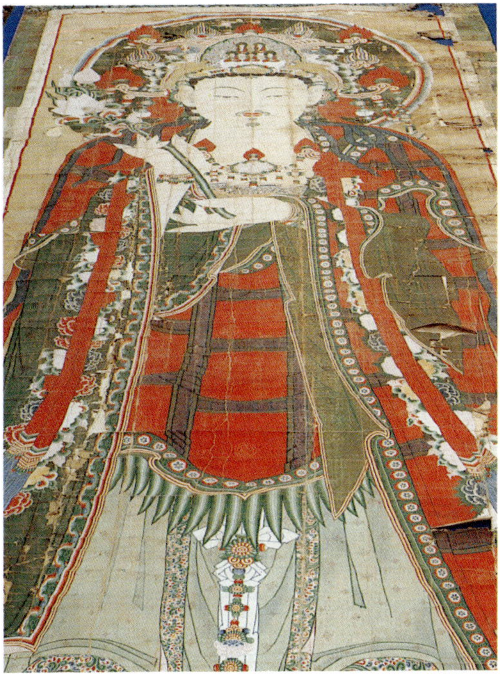

적천사 괘불 탱화 수인이나 지물, 화불 등으로는 괘불의 명칭이 쉽게 가려지지 않고 있지만, 명문이 발견되면 구체적인 내용을 알 수 있을 것이다. 1695년.

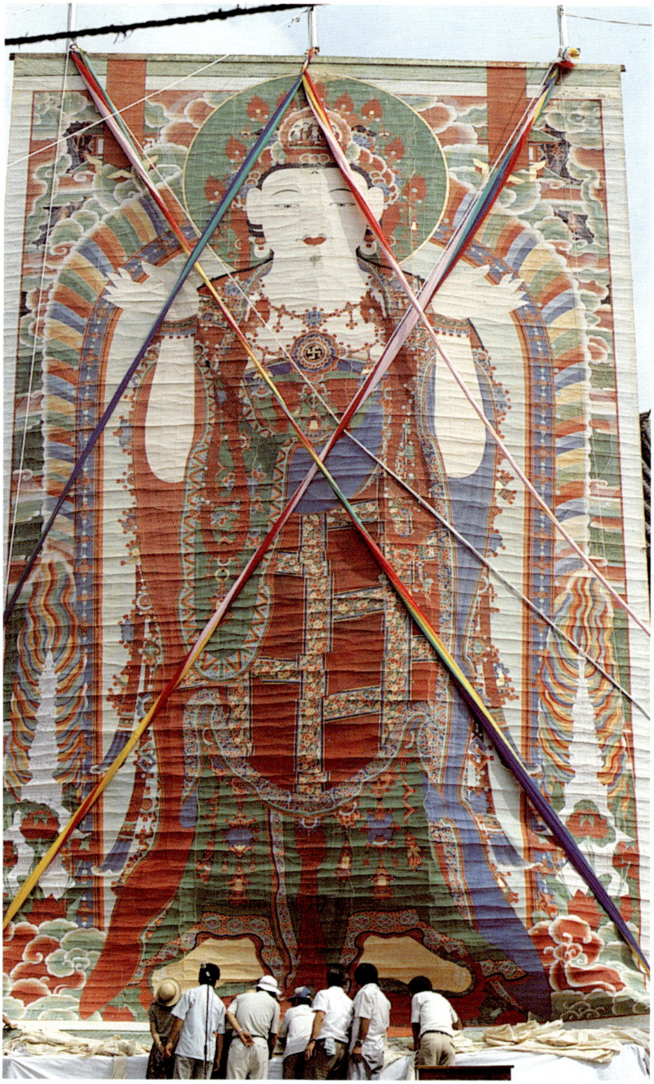

흥국사 괘불 탱화 1757년에 제작된 괘불 탱화이다.

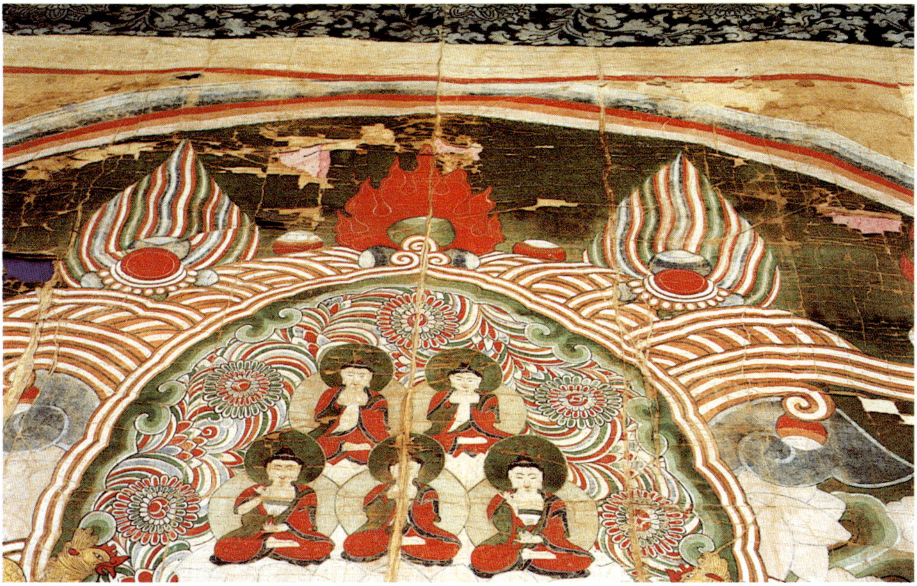

적천사 괘불 탱화(부분) 화관에 나타나는 5여래로 각기 수인이 다르다.(오른쪽)
직지사 괘불 탱화 (뒤)

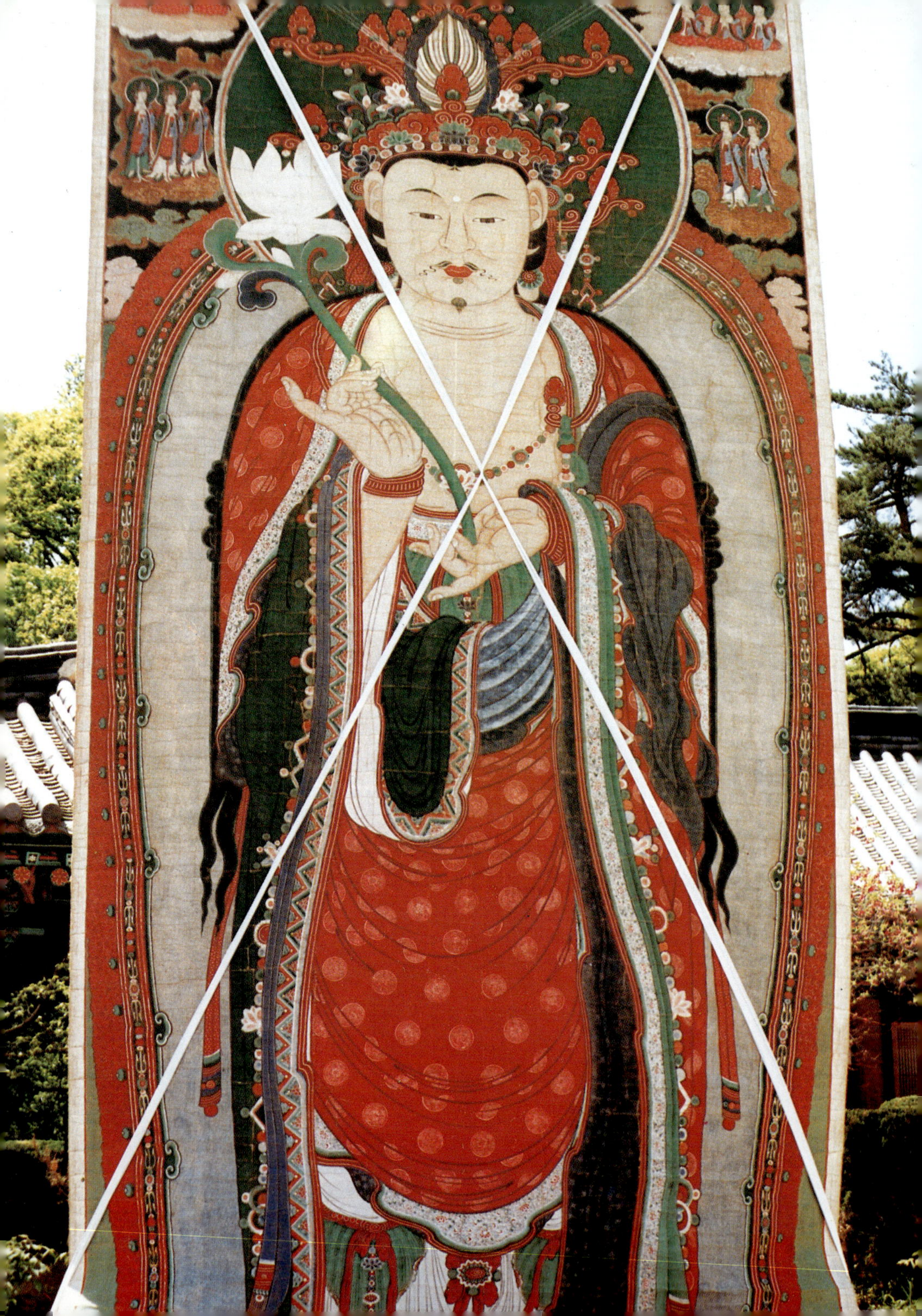

금어(金魚) 의겸 비구

괘불 탱화 가운데 현재 10여 점이 지방 문화재로 지정되어 보호를 받고 있다. 필자가 40여 점의 괘불을 조사하면서 네 곳에서 의겸 비구의 작품을 발견하고 놀라움을 금할 길 없었다.

이 가운데 3점이 지방 문화재로 지정되어 있는데, 진양 청곡사(晋陽青谷寺)의 것이 경남 유형 문화재 261호로, 무주 안국사(茂朱安國寺)의 괘불 탱화가 전북 유형 문화재 20호로, 고성 운흥사(固城雲興寺)의 괘불 탱화가 경남 유형 문화재 61호로 지정되어 있었고, 부안 개암사의 괘불 탱화는 비지정되었음을 알 수 있었다.

106쪽 위 사진
104쪽 사진
106쪽 아래 사진

필자가 이들 괘불이 지방문화재로 지정된 이유를 각 군청의 공보실에 문의한 결과, 대형 그림으로 채색이나 필선이 뛰어나며, 가뭄이 들었을 때 기우제를 드리면 틀림없이 비가 왔다는 전설과 함께 영험이 있기 때문이라고 한다. 이처럼 작가가 당대 제일의 금어(金魚)로 이름 높은 의겸 비구라는 사실과 문화재 지정 이유와는 전혀 무관함을 알 수 있었다.

조선시대 화사(畵師)의 유파(流派)나 계보 등을 밝히는 문제는 불화 연구에서 매우 중요하다. 어느 계통의 화승이 어떤 작품을 얼마만큼 남겼는지 그 계보를 밝히기 위해서는 보다 많은 작품과 불화기(佛畵記)들이 조사되어야 한다.

불교 문화의 새로운 부흥기라고 할 수 있는 17, 18세기경에 크게 활약했던 스님은 석신민(釋信敏), 석자우(釋慈雨), 석유겸(釋有謙), 석상겸(釋尙謙), 석풍계(釋楓溪) 등이다. 모두 석가모니불의 제자임을 뜻하는 '석(釋)'자를 쓰고 있으며 유겸, 상겸의 '겸(謙)'자는 혹시 돌림자가 아닌가 생각된다. 이들 스님에 관해서는 「근역서화징(槿域書畫徵)」「화사보략(畵師譜略)」 등에 "화원승으로 불화를 잘 그렸다"라는 기록이 남아 있지만, 현존하는 작품을 대하기는 어렵다.

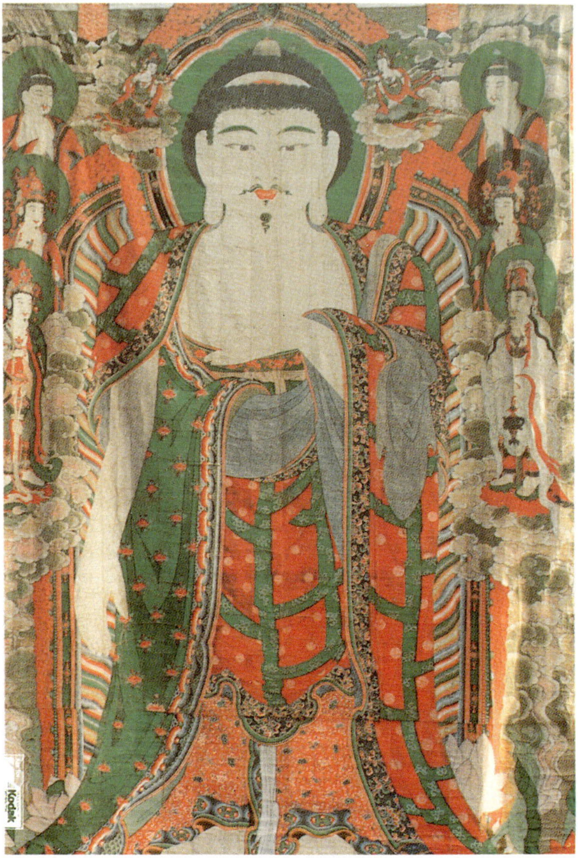

안국사 괘불 탱화 영산회상 입불로 의겸비구가 그린 4점의 괘불 탱화 가운데 대표작으로 전북 유형 문화재 20호로 지정되어 있다. 현존하는 조선시대 불교 회화 중 가장 많은 걸작품을 남긴 의겸 비구의 작품 세계가 재조명되어야 한다. 1728년.(왼쪽) 괘불 탱화와 함께 기우제, 축원문, 송덕문 등이 안국사에 수십 장 남아 전해내려 오고 있다.(오른쪽 위, 아래)

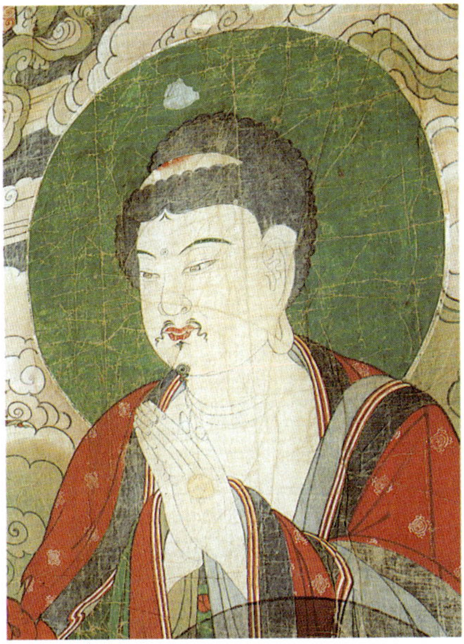

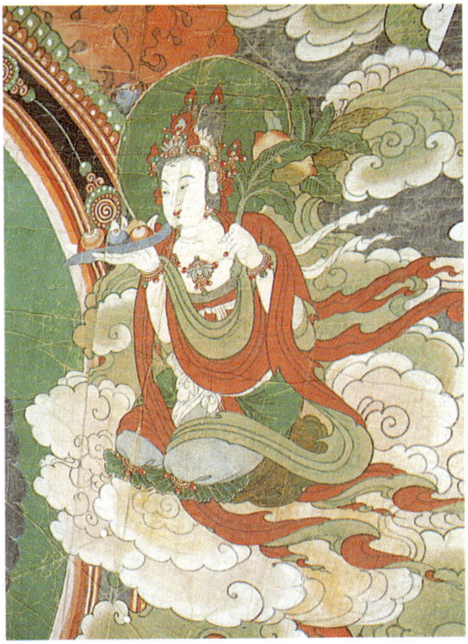

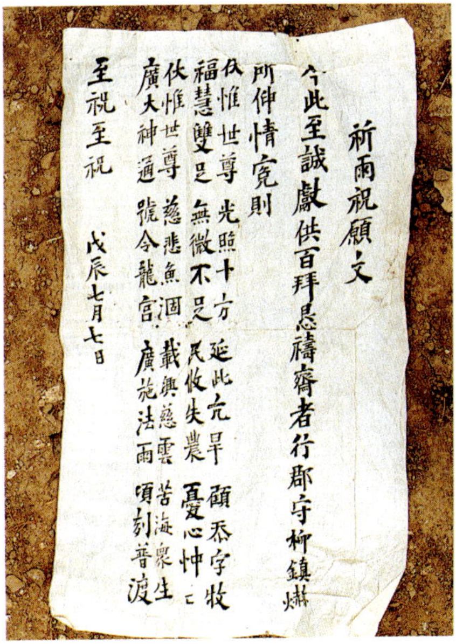

祈雨祝願文

今此至誠獻供百拜懇禱齋者行郡守柳鎭爀

所仰情寃則

伏惟世尊 光照十方 延此亢旱 頤忝字牧

福慧雙足 無微不足 民收失農 憂心忡々

伏惟世尊 慈悲魚涸 載與慈雲 苦海衆生

廣大神通 號令龍宮 廣施法雨 頃刻普渡

至祝至祝

戊辰七月七日

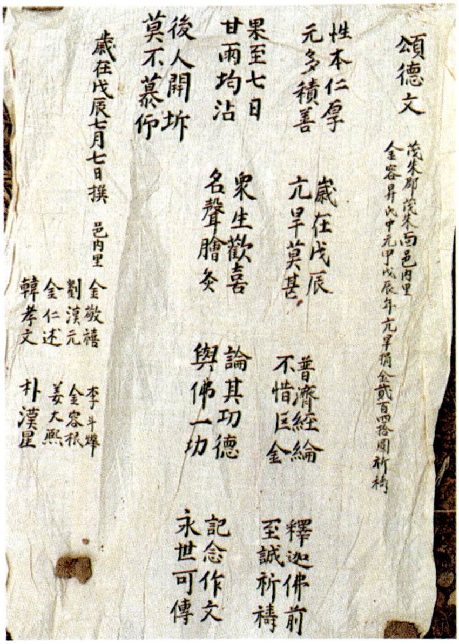

頌德文

茂朱郡茂朱面邑內里

金容昇氏中元甲戊辰年亢旱捐金貳百四拾圓祈禱

性本仁厚 元多積善

歲在戊辰 亢旱莫甚

普濟經綸 不惜巨金

釋迦佛前 至誠祈禱

果至七日 甘雨均沾

衆生歡喜 名聲膾炙

論其功德 與佛一功

記念作文 永世可傳

後人開坼 莫不慕仰

歲在戊辰七月七日撰

邑內里

金敬禧 劉漢元 金仁述 韓孝文

李斗燁 金容根 姜大熙 朴漢星

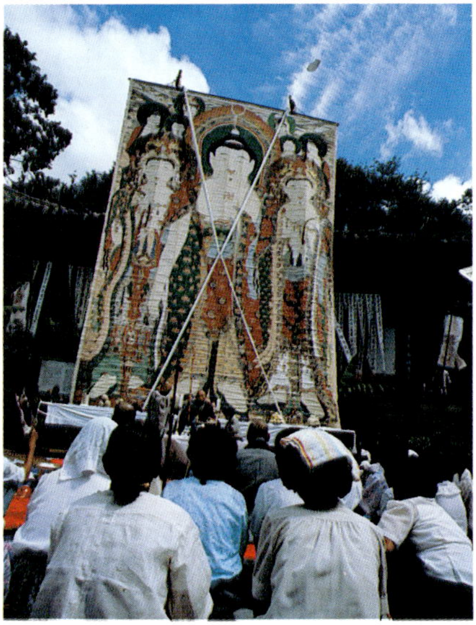

청곡사 괘불 탱화 경남 유형 문화재 261호. 1722년.(위)

운흥사 괘불 탱화 경남 유형 문화재 61호로 매년 음력 7월 17일 헌괘한다. 아래 왼쪽은 전체 괘불 탱화의 모습이고, 아래 오른쪽은 세지보살의 얼굴 부분이다.

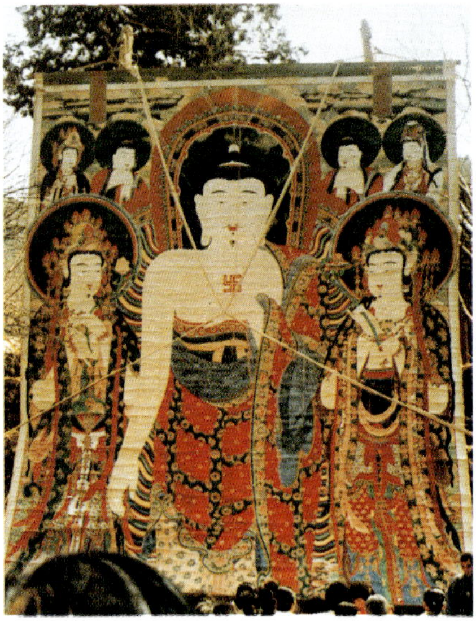

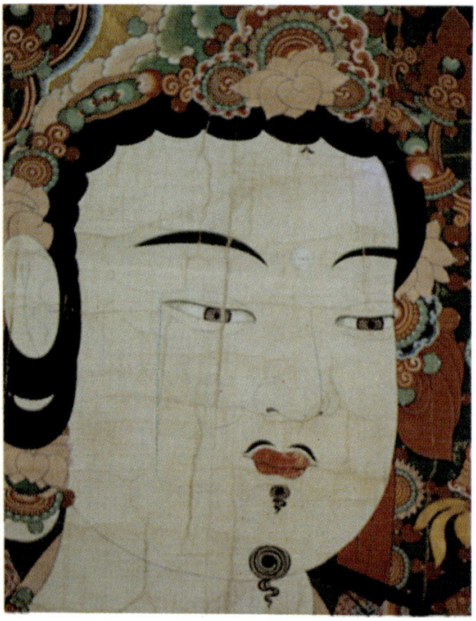

표2. 의겸 작품의 불화

소재지	작품명	제작 연대	비고
慶南 固城 雲興寺	八 相 幀	1719년	
慶南 固城 雲興寺	靈山會幀	1719년	
慶南 晋陽 青谷寺	掛 佛 幀	1722년	慶南 有形 261號
全南 昇州 松廣寺	靈山會幀	1724년	
〃	〃	1725년	
全北 南原 實相寺	地 藏 幀	1726년	
全北 茂朱 安國寺	掛 佛 幀	1728년	全北 有形 20號
慶南 陜川 海印寺	靈山會幀	1729년	
慶南 固城 雲興寺	三 身 幀	1730년	
〃	觀 音 幀	1730년	
〃	甘露王幀	1730년	
〃	掛 佛 幀	1730년	慶南 有形 61號
全北 扶安 開岩寺	掛 佛 幀	1749년	
全北 南原 實相寺	後 佛 幀	1749년	
全南 求禮 泉隱寺	七 星 幀	1752년	
全北 南原 實相寺	天 龍 幀	1752년	
全南 求禮 華嚴寺	後 佛 幀	1757년	

이 가운데 의겸 스님의 작품으로 4점의 괘불을 비롯하여 17점의 크고 작은 불화가 조사되었는데, 주로 전라도와 경상도 일원의 사찰에 남아 있으며 활동 기간은 40여 년에 이른다. 이는 현재까지 알려진 작품 중에 한 작가가 제작한 것으로는 가장 많은 작품 수라고 할 수 있다.

작품의 종류도 괘불 탱화, 영산회상도, 삼장탱, 삼신, 관음, 감로

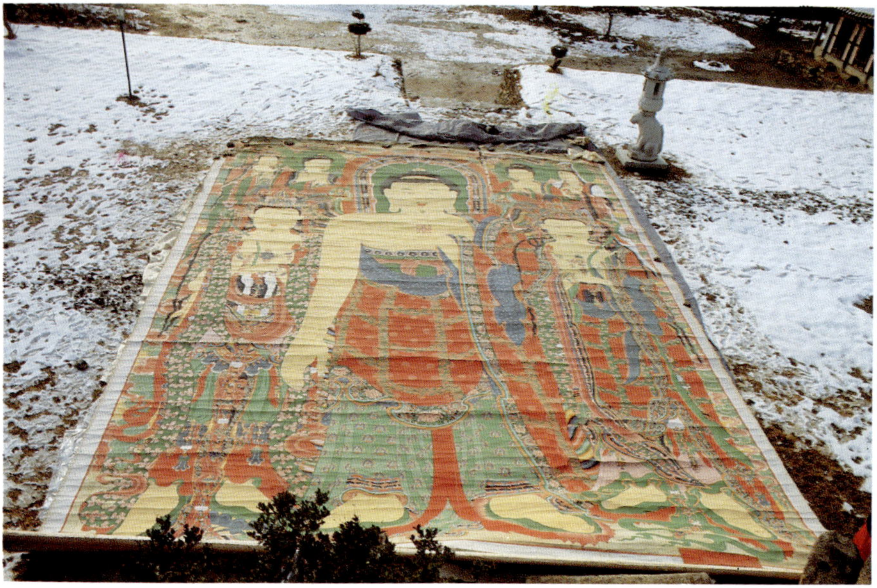

개암사 괘불 탱화 1749년 제작.

왕, 칠성, 천룡 탱화 등으로 다양하며 필선, 구도, 채색 등이 모두 뛰어나다.

특히 현재까지 발견된 4점의 괘불 탱화는 크기에서 압도적이고, 영산 교주 석가모니불을 주존으로 좌우에 관음, 세지, 문수, 보현, 아미타, 다보여래를 협시불로 하는 안정된 구도와 굵은 필선은 거침없으면서도 부드럽게 구사하였으며, 밝고 화사한 채색이 당대 최고의 화원승이었음을 증명하여 주고 있다.

의겸 비구의 괘불 탱화에는 몇 가지 특징이 있는데 주존의 배경으로 반쯤 보이는 키형 광배에 화염문이 있고, 주존불의 가슴에는 반드시 붉은색으로 卍자를 그렸다. 또 불보살의 나발이 구름 조각을 씌운 것 같으며, 버들잎 모양의 눈썹에 그물맥을 그렸고 살색은 반드시 회백색으로 표현하고 있다. 좌우 협시는 등장 인물이 동일하

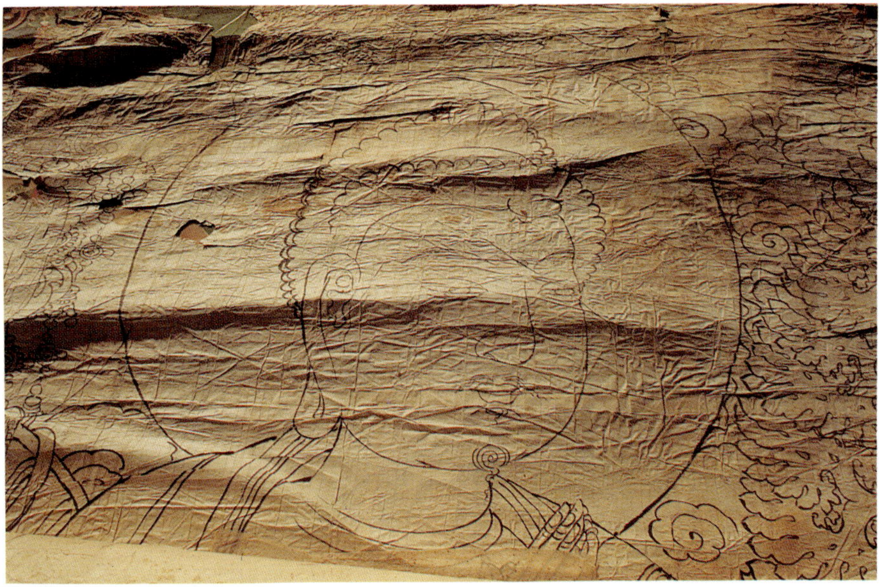

개암사 괘불 초본 괘불 탱화 본으로 유일하게 남아 있는 대형 초본은 의겸 스님 작품으로 보인다.

지만 크기는 매번 다르게 표현되며, 바탕과 옷 문양에도 구름무늬를 많이 사용하는 것이 또한 특징이다.

4점의 괘불 탱화 가운데 개암사(1749년)의 괘불은 먹선으로 된 초본이 함께 남아 있어 괘불 연구에 귀중한 자료가 되고 있다. 일반적으로 화원, 금어로 불리워지던 작가에 관한 명칭이 개암사에서는 "승숙(僧宿) 의겸 비구"로 기록되어 있다.

조선시대 괘불 및 불화 연구에서 의겸 비구가 차지하는 비중을 보다 깊이 연구하여 회화사나 미술사에서의 올바른 위치를 찾도록 하는 것이 앞으로의 또 다른 연구 과제이다.

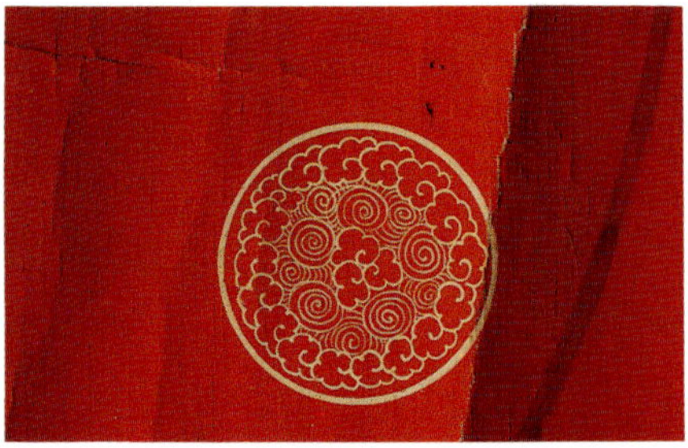

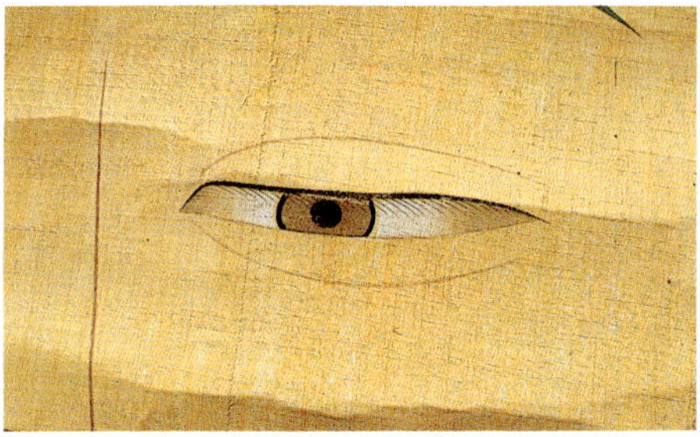

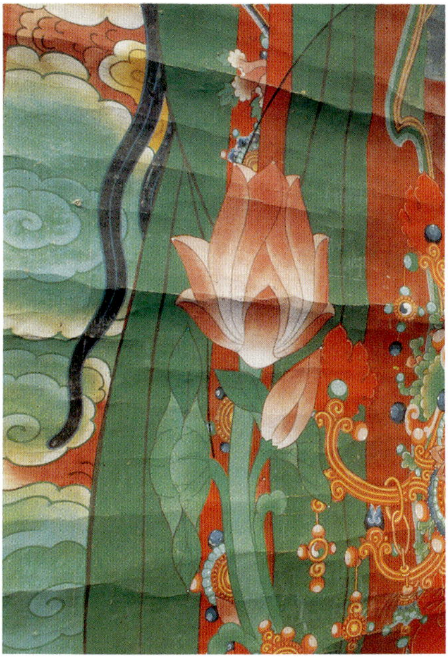

개암사 괘불 탱화(부분) 위 왼쪽은 옷의 문양, 오른쪽은 주존불의 눈매이다. 아래는 오색 구름과 연꽃 등에서 뛰어난 필선을 보이는 보살의 한 부분이다.

부록

조선시대 괘불탱화기명(掛佛幀畫記銘)

新興寺 掛佛幀畫記銘

道光十二年壬辰三月二十一日漢」比丘忠雲」陽東三角山新興寺常住掛佛奉安錄 奉祝文」勝雲」主上殿下庚戌生李氏龍樓萬歲」道文」王妃殿下己酉生金氏聖壽星無彊」壯權」嬪宮邸下戊辰生趙氏壽星永曜」一典」世孫邸下丁亥生李氏龍田種德」桂輪」檀錄」一環」永安府院君乙酉生金氏」善□」永明都尉癸丑生洪氏」快定」淑善翁主癸丑生李氏」性恩」東寧都尉庚午生金氏」慧浩」明温公主庚午生李氏」暢活」昌寧都尉乙卯生金氏」□信」福温公主戊寅生李氏」敬德温公主壬午生李氏」持殿比丘智今」尙宮辛卯生崔氏」供司比丘有行」尙宮庚子生徐氏」坤命庚戌生□氏」□藏」坤命丙辰生崔氏」都監比丘啓宗」信女幸丑生玄氏滿月花」緣化秩」別座化主比丘戒讃」證明道庵聖麒」本寺碩德比丘」過虛冥奬」□□惠圓」暎虛義影」靈鷲拈花示上幾」金魚華潭愼善」肯同浮木援盲龜」影雲義玧」飮光不是慶雁□鑑」無限淸風付興 誰」□松直澄」誦呪比丘悟性」

通度寺 掛佛幀畫記銘

乾隆三十二年丁亥九月日掛佛一座」奉安于 梁山通度寺」本秩」山中 大德 比丘 贊惠」比丘 有有」比丘 一圓」比丘 照鑑」比丘 道周」比丘 定宇」比丘 璟心」比丘 世岸」比丘 溢悟」比丘 德守」比丘 甘英」比丘 性慧」比丘 德徹」時僧統 比丘 海安」時和尙 比丘 若淸」前函 比丘 任侃」比丘 學聞」比丘 國明」比丘 壬天」書記 會定」首僧 印岑」三寶施券」緣化秩」證明 比丘 廓心」誦呪 比丘 學岑」比丘 法軒」比丘義一」比丘 武日」敬畵 比丘 抖薫」比丘 櫂幸」比丘 通益」比丘 守性」比丘 安定」比丘 快定」比丘 脫閏」比丘 淸習」比丘 智還」比丘 志悅」比丘 旻初」比丘 奉正」比丘 守一」三持殿 比丘 錦慧」比丘 華演」比丘 守悟」都監 比丘 惠定」供養主秩」比丘 等訓」比丘 采悟」比丘 呈明」比丘 德演」斗寬」幸觀」性旻」海明」守性」淨桶」希仁」負木 緇海」鐵物化主前住持 守鑑」引勸化主坤命 林氏保休」化主 兌活」別座 世元」萬輝」鍾頭 演希」來往會卷」施主秩」掛佛大施主東萊□善女人孫氏伏爲」家夫 嘉善朴進永靈駕」婆幀大施主 善女人 張氏」大施主崔奉永」大施主 崔鶴永 兩主」大施主 善女人 林氏」大施主 善女人、林氏」大施主善女人 淨連」綵色大施主 林成大 兩主」金幸建 兩主」金莻叱德 金光澤」徐尙建」黃氏」林貞浪」黃氏」金仁杰」腹藏大施主」後排大施主 比丘 緇淡」願以此功德我等與衆生」普及於一切皆共成佛道」同叅施主 金氏保體 朴氏保體」黃氏保體」林氏保體」徐氏保體」方氏保體」林召吏保體」顯考 金靈南 靈駕」亡弟 金氏 靈駕」朴俊弘 保體」趙先造 兩主 保體」張閏伊保體」金貴禧 保體」仇聖道 保體」金悟愛 保體」韓光豹 兩主保體」崔弘龍 保體」趙清得 保體」趙同仁 保體」白氏 保體」趙氏 保體」金氏 保體」趙氏 保體 」林遇清 保體」林遇仁 保體」林遇先 保體」李氏 保體」吳氏 保體」李得雨 保體」嚴德禮 保體」崔甲老 保體」崔甲石 保體」韓甲伊 保體」韓甲愛 保體」崔宗武 保體」

通度寺 掛佛幀畵記銘

大清乾隆五十七年壬子」八月日梁山通度寺」掛佛畵成奉安」獨辨大施主 嘉善 比丘 偉禮」保體 現增三昧當生淨刹願」腹藏大施主秩」崔學崙 保體」金漢成 兩主 保體」趙氏 保體 子 興禮 保體」率子烏作只保體」李祿成保體」金氏 保體」朴氏 保體」安氏 保體」林祐先 保體」朴氏 保體」李氏 保體」尹氏 保體」具氏 保體」李氏 保體」鄭氏 保體」引勸林氏 保體」綠化室腹藏化主比丘 任安 保體」證師 慶坡敬審 保體」慧月 性觀 保體」一庵 警誼 保體」枕虛守一 保體」誦呪 比丘 記華」比丘 瑞普」比丘 福性」比丘 快定」比丘 國心」比丘 性一」比丘 觀一」持殿比丘 守善」比丘 德欽」比丘 性淡」腹藏化主比丘 任安」比丘 快定」比丘 國心」比丘 性一」比丘 觀一」持殿比丘 守善」比丘 德欽」比丘 性淡」供養主比丘 體閑」比丘 戒寬」比丘 謹仁」比丘 福坦」比丘 戒存」比丘 處曄」比丘 坦清」比丘 福丈」比丘 永慧」鍾頭秩」比丘 戒元」比丘 有悟」化主兼良工比丘指演 保體」比丘 致心」比丘 頓活」比丘 抱善」比丘 快能」比丘 宇定」比丘 宇心」比丘 定華」比丘 宇洪」比丘 普心」比丘 福贊」比丘 尙言」比丘 贊淳」比丘 儀天」比丘 國成」比丘 性彦」比丘 永慧」比丘 永宗」比丘 再卦」比丘 碩雄」比丘 福永」比丘 永佑」山中大德比丘」慶坡敬審」大比丘 鳳岩震聞」大比丘 圓坡朗演」大比丘 日庵遇旻」大比丘 鷲庵聖演」大比丘 淵坡德藏」大比丘 智峰巨磯」大比丘 三星瑞澄」大比丘 影月優澄」大比丘 金谷廣曄」大比丘 喚庵取學」大比丘 退隱等慧」大比丘 靈庵讃雄」大比丘 巻性」木寺秩」時僧統 守心」時和尙 耿觀」書記 幸倜」首僧 妙湛」內典座 萬占」外典座 有學」補寺任 奉允」三寶華旻」前啣秩」前僧統守甘」前僧統 嘉善 偉禮」前僧統 嘉善 最心」前僧統 嘉善 體寬」前僧統 德俊」前僧統 智聰」前僧統 嘉善 守悟」前僧統 崙一」前僧統 如一」前住持 定淑」前住持 善安」前住持 采聰」前住持 印奎」前住持 義供」前住持 萬輝」前住持 聖心」前住持 寶文」前住持 嘉善 永守」前住持 守幸」前住持 嘉善 泰演」奉齊秩 大魚山 比丘 萬一」大魚山 比丘 戒元」魚山 比丘 理性」大魚山 比丘 幸守」大魚山 比丘 有悟」淨桶 比丘 永悟」比丘 采文」來往比丘智演 保體」負木 德明」木尹比丘」付洪斗安」大都前住持比丘 守幸處益」別座前住持 萬輝有行」都監 靈庵堂比丘 讃雄」主幹 三星堂比丘 端澄」維那 嘉善 比丘 最心」

萊蘇寺 掛佛幀畵記銘

主上殿下」壽萬歲」王妃殿下」壽千秋」世子邸下」壽齊年」山中大德」就安比丘」老德嘉善大夫」覺敏比丘」性一比丘」住持」道淳比丘」三剛」德雲比丘」尙俊比丘」戒尙比丘」鐵物施」金寬伊兩主」金毛進兩主」沈一龍兩主」沈應伊兩主」郭進兩主」

康熙三十九年庚辰六月日楞迦山萊」蘇寺安于掛佛幀」施主秩」基布施主嘉善大夫中樞府郭善光靈駕」朱紅大施主」金三白兩主」朱紅大施主」金先伊兩主」朱紅大施主」李正伊靈駕」供養大施主」郭秀光兩主」供養大施主」郭紀光兩主」黃金大施主」朴春敬兩主靈駕」末醬大施主」朴戒元靈駕」李仲榮靈駕」沈奉生兩主」圓鏡施主」崔業山兩主」圓鏡施主」金札尙玠兩主」眞珠施主」李碩只兩主」樸靈通施主」金鳳□兩主」供養施主」林同伊兩主」金□金兩主」金承宗兩主」布施施主」金善日兩主」供養施主」李氏兩位」引勸施主」明坦比丘」寶鏡比丘」靈哲比丘」供養施主」閔氏單身」金或同伊靈駕」辛修琉兩主」

緣化秩」證明」雙熙比丘」持殿」信益比丘」畵員嘉善大夫」天信比丘」勝先比丘」覺□比丘」□□比丘」□翼比丘」海眼比丘」雕利畵員」國堅比丘」昊贊比丘」供養主」敏閑比丘」德輝比丘」大功德主」道玄比丘」別座」連元比丘」

靈水庵 掛佛幀畵記銘

黃金大施主安大龍兩主」朱紅大施主金氏思仰卜兩主」供養大施主申介同兩主」供養大施主金大男兩主」波湯大施主金敬進兩主」黃金大施主內化朴寂金兩主」黃金大施主林愛男兩主」朱紅大施主朴愛南兩主」圓鏡大施主 方□卜兩主」絡纓大施主文末男兩主」布施大施主文心男兩主」朱紅大施主甄□宗兩主」二靑大施主咸天富兩主」黃金大施主禹男兩主」波湯大施主金彥建兩主」波湯大施主朱大奉兩主」波湯大施主林萬榮兩主」波湯大施主全水※兩主」波湯施主命伊」供養施主李益先兩主」供養施主李侑兩主」供養施主李主兩主」保體李權兩主」朱紅大施主金成建兩主」圓鏡大施主金氏愛云兩主」圓鏡大施主朴春立兩主」後排大施主洪戒卜兩主」圓還□鈴兼大施主金氏兩位」一靑大施主金生日兩主」大靑大施主朴忠番兩主」丁彩大施主梁愛男兩主」末醬大施主沈庚戊兩主」食鹽大施主德進兩主」腹藏大施主朴珹兩主」腹藏大施主李大鶴兩主」腹藏大施主申卜兩主」絡纓大施主文□男兩主」淸蜜大施主□□□兩主」淸蜜大施主李春智兩主」後排大施主李氏單身」供養施主金興立兩主」三錄大施主朴□春兩主」後排施主李貴男兩主」紅絲施主林愛男兩主」後排施主金海云兩主」後排施主黃二金兩主」布施主□靑吉兩主」後排施主朴順生兩主」後排施主張允同兩主」後排施主宋太享兩

主」供養施主金順年兩主」供養施主朴士仁兩主」供養施主金□雉兩主 供養施主金萬世兩主 供養施主朴士龍兩主」供養施主朴末男兩主」供養施主朴冬下兩主」供養施主李益龍兩主 供養施主全應立兩主 灯燭施主全□男兩主」灯燭施主禹氏論今兩主」末醬施主裵萬世兩主」末醬施主李氏兩主」供養施主斗英比丘」供養施主金應長兩主」供養施主姜乭床兩主」供養施主宋莫歲兩主」供養施主李氏崇德兩主」供養施主吳氏春伊兩主」供養施主□成男兩主」供養施主崔應春兩主」供養施主林斗兩主」供養施主金戒云兩主」供養施主林末山兩主」供養施主妙寬比丘」供養施主吳得錄兩主」持殿」慧肯比丘」畵員」明玉比丘」少揖比丘」玄起比丘」法能比丘」別座」太祥比丘」供養主義允比丘」覺連比丘」少者」承玄」龍男」戒男」化主」心印」

順治十年癸巳七月日

金堂寺 掛佛幀畵記銘

康熙二十一年壬戌六月日日□出□金堂寺掛佛幀」

波湯施主」金向立兩主」施主李時達單身施主文德生兩主」施主金好□單身施主」金多□單身」施主金己文兩主」 腹藏施主」金□山兩主」供養施主兼□□施主辛京立兩主」供養施主幼學金起仁兩主」施主崔淡伊兩主」施主□元比丘」朱紅施主善□比丘」荷葉施主金尙亂兩主」圓鏡施主李生□兩主」施主金尙亂兩主」施主姜萬債兩主」波湯施主白吉元兩主」五色緣施主善□兩主」靈通施主金□端單身」波湯施主□□保體」曹海□兩主」□□保體崔明吉兩主」供養施主□□保體明信比丘」草紙施主印□比丘」後排紙施主宋 □兩主」施主 金比丘」末醬施主□氏□春兩主」末醬□施主白日□單身」圓糯施主□□兩主」畵員 明遠比丘 虛軒比丘 □□比丘 致□比丘」證明」佔蜜比丘」供養主白德比丘」□□比丘」化主吐□比丘」別座□沃比丘」

佛紀二九七八年七月十五日」第二面補缺佛事錄」證明比丘石虎」會主比丘在峯」金魚比丘正眞」比丘連福」都監比丘振明」化主」清信女庚寅生韓大智行」張城南」鄭白蓮化」申邊□ 金清信行」金萬德華」姜化子」

華嚴寺 掛佛幀畵記銘

王妃殿下壽齊年」主上殿下壽萬歲」世子邸下壽天秋」順治十年癸巳五月二十九日掛佛幀施主秩」幀大施主受敬單身」基布施主金德生兩主」基布施主忠今單身」基布施主李水兩主」基布施主九月兩主」供養大施主受今單身」供養大施主金貴延兩主」供養施

主義守比丘」供養施主金乭文兩主」供養施主金己承兩主」供養施主花日兩主」布施施主黃竟弘兩主」布施施主空竺比丘」布施施主淡眼比丘」三緣施主金水雲兩主」黃金施主宣□宗兩主」黃金施主朱得龍兩主」黃金施主金介兩主」朱紅施主 宣繼兩主」水桃黃施主金千福兩主」白礬施主崔毛乙老伊兩主」香裹施主叅乎尉兩主」燈怖施主仁介兩主」圓鏡施主今介兩主」鐵物施主崔丁善兩主」眞珠施主朴元男兩主」末醬施主朴大靈駕」布施施主李千年兩主」末醬施主受香單身」供養施主順己兩主」圓鏡施主姜者仃兩主」布施施主覺淵比丘」賜」報恩闡教圓照一都大禪師扶宗樹教普濟階峯堂覺性大師」通政大夫前金南都摠攝性慧比丘」通政大夫前洪清例惷摠攝敬憲比丘」折衝將軍戒元比丘」本寺住持信行比丘」持寺義令比丘」首僧法湖比丘」三寶三學比丘」緣化秩」證明雙輝比丘」畵員」智英比丘」坦戒比丘」道佑比丘」思順比丘」行哲比丘」懶洽比丘」供養主雪悟比丘」坦習比丘」別座宗印比丘」大化主惠然比丘」崔福男靈駕」引勸」美敏比丘」智岑比丘」戒心比丘」

青谷寺 掛佛畵記銘

康熙六十壹年壬寅四月日晋陽東嶺月牙山青谷寺」掛佛奉安奉爲」主上殿下壽萬歲」王妃殿下壽齊年」世子邸下壽千秋」施主錄」婆蕩兼供養大施主思日比丘爲母金史太良保體」基布大施主文閑比丘」基布大施主省琳比丘」婆湯大施主鄭氏順緣兩主」唯敬比丘」李禮上兩主靈駕」基布施主盧三萬爲亡父盧乭屎靈駕」金梅金兩主」處士信閑兩主」基布施主鄭時芥兩主」憶□比丘」尙初比丘」婆湯施主金太重兩主」三玄比丘」理伯比丘」裕治比丘」基布施主許石史四介兩主」舍堂省眞保體」婆湯施主 姜尙齋單身」李守唱兩主」九還比丘爲父金澄伊兩主」基布施主金云伊兩主」金阿只單身 河石史兩主」婆蕩施主 虛林比丘」採浄比丘」振悟比丘」就應比丘」尙悅比丘」自惠比丘」自輝比丘」基布施主 爾岩比丘」剋閑比丘」□□比丘」雷□比丘」贊□比丘」□法心兩主」舍堂□□ 戒元比丘」基布施主 惠應比丘」冲遠比丘」最□比丘」處信比丘」達□比丘」婆蕩施主 呂信比丘」自玉比丘」信□比丘」綠色大施主 廣時比丘」廣放比丘」善宗比丘」綵色施主 鄭善伊兩主」就淳比丘」朴□明兩主」姜重□比丘」高後三比丘」處明比丘」綠色施主行□爲母宋石史□□兩主靈駕」彩□比丘」□石峯兩主」員云比丘」致還比丘」草□比丘」玉岑比丘」居士信元兩主」供養施主金氏老郎伊兩主」供養施主□□□兩主」崔日芥兩主」明土比丘」一和比丘」斗□比丘」天悟比丘」致遠比丘」就文比丘」供養施主金禾夫伊爲母金氏禮春靈駕」涂遠比丘」就欽比丘」供養施主□勳比丘」休一比丘」供養施主處性比丘」□□施主□明比丘」居士信□兩主」金心萬兩主」金明京兩主」金辛得兩主」布施施主徐漢□兩主」崔順今兩主」布施施主崔命善兩

主」六益比丘」徐寶世單身」坦莫比丘」宇天比丘」布施施主端信比丘」布施施主德□爲母黃□史兩主」致浄比丘」雙輝比丘」布施施主□俊爲父千□命兩主」劉名史單身」信玉比丘」後排施主致玉比丘」卓均比丘」清圭比丘」後排施主明善比丘」草先比丘」六閑比丘」致鑑比丘」雙演比丘」端点比丘」後排施主姜渭鳴兩主」仇萬雄爲父仇昌敏兩主」尙均比丘」省稔比丘」引燈施主性坦比丘」歸後比丘」慕清比丘」居士云豆兩主」香襄施主金萬唱兩主」金丁桓單身」佛靈桶施主李斗民兩主」圓環施主韓公明兩主」韓銅鐵兩主」高今鶴兩主」太禪比丘」時住持嘉善□□比丘」前住持嘉善善□比丘」前住持嘉善懷□比丘」前住持嘉善元□比丘」判司明□比丘」判司元益比丘」前住持嘉善志祥比丘」戒應比丘」三綱天王比丘」體旭比丘」書記體一比丘」山中老德秩」□訓比丘 」呂祥比丘」守惠比丘」憶善比丘」玉晶比丘」山中大德秩」月明比丘」□性比丘」覺玄比丘」惠安比丘」智點比丘」明□比丘」□穖比丘」入盛函功德木良工徐先發願緣化秩」證師明竺比丘」內持殿幸震比丘」外持殿尙軒比丘」畵員義謙比丘」體一比丘」即心比丘」興信比丘」向敏比丘」良運比丘」敏熙比丘」採仁比丘」畵員日敏比丘」引燈施主性坦比丘」歸後比丘」

七長寺 掛佛幀畵記銘

比丘坦明爲母」靈山會掛佛幀一部」彌陀會幀一部」現王幀一部」獨辨造成留鎭七長寺誠隍謹書」康熙四十九年庚寅五月日畵成」留鎭于七長寺」奉爲主上三殿下壽萬歲」緣化秩」大畵士勝藏比丘」印惠比丘」敞尙比丘」玄册比丘」玲眼比丘」持殿呂浄比丘」證明名現大德 玄信比丘」供養主竺蜜比丘」弘祐比丘」別座通政坦行比丘」每事次知都監役玄一比丘」

七長寺 掛佛幀畵記銘

崇禎元年戊辰三月初一日始作四月日畢造也」當來龍華會中隨喜等盡同受記者也」婆蕩大施主會古邑金兩主」婆蕩大施主粉介兩位仙駕」婆蕩大施主春玉兩主」迴莊大施主徐應憐兩主」迴莊大施主崔以男兩主」供養大施主六月單身」供養大施主崔丙文兩主」供養大施主張夢春兩主」布施大施主李天進兩主」黃金大施主注叱德兩主」黃金大施主吳內金兩主」朱紅大施主金丁秋兩主」大□施主施主南莫眞兩主」重靑大施主金應戒兩主」水土黃大施主李注叱孫兩主」石紫黃大施主李夢日兩主」唐荷葉大施主銀徒單身」燕芝大施主洪末叱徒兩主」黃金大施主德春單身」黃金施主六子萬世兩主」眞粉大

施主李內先兩主」魚膠大施主朱連地兩主」三綠大施主朱貴孫兩主」靑花大施主日代單身」圓鏡大施主李主叱金兩主」黃圓大施主崔禮男」後排大施主文非單身」婆湯大施主金氏命代兩主」落陽軸兼大施主吳信眞單身」供養□主保體」張氏美承單身」證明持殿兼靈寬比丘」畵員法洞比丘」供養主秀仁比丘」畵寫善玄比丘」來往冲元比丘」緣化比丘□□」

雲興寺 掛佛幀畵記銘

雍正八庚戌春嶺南右固城臥龍山雲興寺掛佛幀」大施主前進士」朴泰茂保體」朴復祖保體」大施主嘉善法律比丘」大施主嘉善廣善比丘」大施主通政洪哲伯」彩色大施主金聖昌」大施主折衝申尙起」大施主嘉善朴起卞」大施主李枝發」大施主韓氏有德」大施主朴氏湛允」大施主呂潤泰」大施主嘉善李進達」大施主山人義鏡」大施主崔峻伊」大施主道洽」大施主嘉善姜順善」大施主通政張萬起」大施主崔性敏」大施主通政採明」大施主嘉善太明」大施主嘉善晟彦」婆蕩施主黃汝建」婆蕩施主靈閑」婆蕩施主李世明」婆蕩施主金世寬」婆蕩施主張氏守禮」腹藏施主金枝五」腹藏施主林鳳來」腹藏施主林春寂」供養大施主嘉善守元」供養施主進卓」供養施主嘉善齊學」供養施主嘉善明信」供養施主嘉善克淨」供養施主通政祖訓」供養施主柳氏」供養施主李漢明」供養施主嘉善敏哲」供養施主嘉善慧稔」供養施主嘉善廣善」供養施主嘉善祐忍」後排施主通政快一」後排施主通政玉輝」布施施主朴氏金春」布施施主金無應致」布施施主嘉善淨詳」嘉善雙湜」舍堂時良」居士世淨」舍堂清日」金遺文」金氏阿只」願以此功德普及於一切我等與衆生皆共成佛道」山中大禪師理然」大師震天」老德辛心」大德玄藏」守元」時住持嘉善廣欽」前住持嘉善德安」通致快一」通政明信」通政極心」嘉善廣善」通政再想」通政大律」嘉善法律」嘉善晟彦」書記印俊」朗淨」三網寂賢」道謙」緣化」叅禪兼大宗師智頵」持殿敏頓」快然」慧澄」觀休」覺樹」眞淑」本持殿震宗最根」供養主永機」尙彦」就衍」卓連」別座通政朗仁」大化士俊義」都大都監通政大律」大禪大化士理然比丘」金魚」義謙比丘」眞行比丘」即心比丘」幸宗比丘」採仁比丘」日敏比丘」道允比丘」最仁比丘」覺天比丘」曇澄比丘」榮洞比丘」晶寬比丘」就祥比丘」釋演比丘」智元比丘」處祥比丘」明善比丘」大木呂湜比丘」祐淨比丘」月英比丘」慧益比丘」負木等□□比丘」清日比丘」鄭命達」朴世云」

固城 臥龍山 雲興寺 掛佛櫃銘文

大施主嘉善 釋法律」大施主嘉善釋廣善」大施主通政申尙起」大施主居士朴慈仁」大施主嘉善李進達」大施主前判官姜渭之」掛佛慶讃化主晟彥」別座通政聰俊」雍正九年辛亥三月初」大施主前判官金有清」大施主通政鄭明好」

安國寺 掛佛幀畫記銘

主上殿下萬歲萬歲聖壽萬歲」王妃殿下齊年齊年聖壽齊年」世子邸下千秋千秋聖壽千秋」大施主秩」折衝大將孫戒明兩主施主宗學比丘」通政大夫奇仁比丘」致淳」通政大夫卓均靈駕」演行」嘉善大夫金京叱福兩主」施主一眞」施主梁信龍兩主」信寬」前判官讃尙比丘」玉禪」通政覺敏比丘」聽心」施主李時郁兩主」吉知獻」姜氏□禮單身」姜貴承」裵□起兩主」姜戒明」金太萬兩主」安載大」金武生兩主」李益明」剋心比丘」金鎭達」韓天日兩主」朴市達」櫃施主思日比丘」張白龍」□文比丘」孔石起」輝安比丘」洪處卜」明禪比丘」李太白」李端奉」金勝龍兩主」金眞發」白光潤兩主」朴弼發」金桂奉兩主」韓龍伊」祐英比丘」梁□石」施主李明生兩主」黃上俊」時海比丘」金□心」眞性比丘」金就漢」□瓊比丘」金九丁」許承必」姜善伊兩主」金上達」□□比丘」金得玄」□覺比丘」朴□善」□禪比丘」□□□」能澤比丘」□□□」□□比丘」韓□善」□□比丘」金□□」大演比丘」裵明壽」惠學比丘」朴昌德」但獻比丘」韓鐵石」施主敬行比丘」朴二京」智軒比丘」施主韓□□」太淨比丘」韓□□」哲岑比丘」朴□□」信替比丘」白一龍」□□比丘」金厚正」朴萬□」

緣化秩」證師宗蜜比丘」持殿□□比丘」畫員義謙比丘」惠訔比丘」義允比丘」敏輝比丘」天信比丘」良贊比丘」供養主担瓊比丘」負木如眼比丘」內外□□□□比丘」大功德主思淨比丘」燒香敬佛但軒比丘」三綱眞性比丘」自守比丘 太禪比丘」時任和尙幸淨比丘」時任代將幸文比丘」殿座戒行比丘」時任摠攝靈梅比丘」願以此功德普及於一切我等與衆生當生極樂國同見無量壽皆空成佛道」

昭和十四年己卯五月二十三日修結」施主金瀠坤」趙漢喆」現住持金溶峯」誦呪法晶」黃石菴謹書」

西紀一九七八年四月初八日」□□施主」茂朱面雲棒里」朴基昊」姜玉妊」

嘉慶拾四年己巳四月日」□重修後排」大施主貞夫人趙氏癸丑生」證師拈花堂青果」化主印宅 」別座義軒」

乾隆五十七年壬子四月日重修」後排大施主折衝徐福徒妻趙氏兩主」子有榮有孫有成」證明說封」別座瑞哲」化主倫灌」施主秩」時任別將李得元兩位」赴□比丘」金鳳

伊兩主」雙□比丘」施主金善□兩主」日鳳兩主」楚軒比丘」思淳比丘」祐心比丘」鄭四龍兩主」白氏□涯兩主」申先伊兩主」山中老德」自儀比丘」印哲比丘」日倫比丘」玉海比丘」妙瓊比丘」雷安比丘」海淳比丘」掛佛石柱銘」主持僧 智憲功立」金德運金從萬梁以濟城後時功立」

頌德文

茂朱郡茂朱面邑內里」全容昇氏中元甲戌年亢旱捐金貳百四拾圓祈禱」性本仁厚元多積善歲在戊辰亢旱莫甚普齊經綸不惜區金釋迦佛前至誠祈禱」果至七日衆生歡喜論共功德記念作文」甘雨均沾名聲膾炙與佛一切永世可傳後人開坼莫不慕仰」歲在戊辰七月七日□邑內里」金敬禧李斗燁」劉漢元金容根」金仁述姜大熙」韓考文朴漢星」

祝願文

全羅左道茂朱府北里居住今日至誠齊者」乾命 甲辰生朴君七保體」坤命癸丑生梁氏保體」率子壬午生朴煥星」壽命長願之大願甲午七月日」

祝願文

本府下里居住」乾命丁酉生金錫九」率子辛巳生金東煜」孫婦己卯生文氏兩主」次孫甲午生富東」曾孫康子生鳳吉」辛丑五月二十五日」

祝願文

今此至極至誠獻供發願齊者」全羅北道茂朱郡 茂朱面 邑內里住居住」乾命壬辰生金光培坤命丁酉生金氏兩主」菩薩加被之妙力生男發願」

祝願文

今此至極至誠獻供禮拜發願齊者」全羅北道茂朱郡戊朱面邑內里居住」乾命己未生劉漢元坤命乙丑生許氏」長子己亥生劉基淵子婦丁酉生金氏」孫女己未生劉順子次孫女壬戌生劉貞子參孫女丁卯生劉于□」

祈雨祝願文

今此至誠獻供百拜懇禱齊者行郡守柳鎭爀」所伸情寃則」伏惟世尊福慧雙足光照十方無微不足□此亢旱民修失農顧忝字牧憂心忡忡 伏惟世尊廣大神通慈悲魚淵號令龍宮載興慈雲廣施法雨若海衆生頃刻普渡」至祝至祝戊辰七月七日」

奉恩寺 掛佛幀畵記名

光緖十二年丙戌榴夏 掛佛幀軸新造成奉安于廣州府修道山奉恩寺」緣化秩」證明虎峯應奎」淸□包含 海翁智□」誦呪比丘□天」片手影明」天機」出草大虛軆訶」金魚比丘亘照頣照」別座比丘□還」都監靜海法天」供司比丘□定」鏡頭比丘若訥」化主春潭世恩」大施主秩」順和宮壬辰生金氏壽歷千秋」乾命丙午生金文連」

雙鷄寺 掛佛幀畵記銘

嘉慶四年己未」朝鮮正祖二十三年」大作佛事始成」畵貞長四十六尺廣二十三尺」化主山中老德」佛記二千九百五十六年己巳五月五日補缺重修」化主比丘徐現月」時住持孫惠潭」

龍門寺 掛佛幀畵記銘

康熙四十四年乙酉四月日回成靈山會掛佛一部奉安于慶尙左道醴泉郡北西龍門山昌期寺」王妃殿下 壽齊年」聖上殿下壽萬歲 世子邸下壽千秋」供養大施主朴加音美兩主保體」供養大施主高眞香兩主保體」供養大施主安末叱立兩主保體」大施主朴仁弼兩主保體」禹成龍保體」裵巨侍兩主保體」安□業朴萬祥兩主保體」金碩奉兩主」嘉善林宗立申□尹兩主」嘉善过大元金是建兩主」朴成得金天兩主」金莫龍黃碧山兩主」裵巨侍姜太生兩主」黃召史金雲望兩主」金石伊朴乭女兩主」張□仁兩主」黃今奉兩主」鄭元伊兩主」金斗乙兩主」申哲光兩主」朴点萬兩主」後排紙施主比丘太奎金□伊及靈信圓善比丘」克禪廣濟」比丘智禪」比丘處益」比丘無俊比丘文獻」比丘斗習比丘廣喧」比丘草根比丘取蜜」比丘呂泽比丘大裕」比丘信同比丘信念」比丘虛談比丘海淳」比丘冲悅比丘蜜彦」比丘敬坦比丘海藏」比丘草文比丘克敏」比丘三訥比丘希旭」比丘震屹比丘□寬」比丘印瓊比丘希印」比丘信衍比丘三雄」比丘震□比丘三浄」本寺三綱住持戒言祖然」首僧裕察」三補禪澄」本寺老德惠英」妙熙」法律」忠惠」惠學」覺哲」道均」海月」心寶」證明山人道母」知香」進悟」畵員」性澄」畵員」愼浄」畵員 效安」釋機」圓認」心日」雙會」炊供」法連」秀瓊」戒習」負木德澄」別座宋悅」化主雪悟」婆蕩大施主兼大化主淸風衲子廣攝」

浮石寺 掛佛幀畵記銘

主上殿下壽萬歲」王妃殿下壽齊年」世子邸下壽千秋」康熙二十三年甲子七月日浮石寺」掛佛一坐及」佛像三尊造成記」施主秩」掛佛大施主」崔有□兩主」婆蕩大施主□□□兩主」佛像大施主嘉善大夫」徐松□兩主」佛像大施主□□□兩主」供養大施主金善□兩主」絡纓布施兼大……」鄭□□兩主」後排紙大施主金□□兩主」供養大施主朴士□兩主」婆蕩大施主金床致兩主」布施大施主朴尙日兩主」布施大施主□古公兩主」供養大施主羅業兩主」供養大施主金繼奉兩主」布施大施主尹尙氏兩主」供養大施主□□□兩主」供養大施主前行□兩主」摠聚嘉善大夫清眼比丘」供養大施主老德□温比丘」供養大施主金繼奉兩主」供養大施主鄭熏同兩主」供養施主兪應男兩主」供養施主金貴天兩主」供養施主禹起守兩主」供養施主禹智賢兩主」供養施主□惠比丘」供養施主時然比丘」金玉尙兩主」徐道立兩主」禹有似兩主」金亂奉兩主」梁繼文兩主」禹克吉兩主」燈燭施主全大明兩主」□彦比丘」河遺達兩主」韓永輝兩主」通政大夫閔海元兩主」末醬施主李孝先兩主」後排紙施主元淵比丘」後排紙施主智雲比丘」後排紙施主寶察比丘」金善就兩主」□□施主通政大夫□立兩主」□□□兩主」應山兩主」鄭勝善兩主」食鹽施主韓起塚兩主」保□比丘」本寺秩」時報網義□□比丘」時維□明眼□比丘」三寶道□直社靈悟比丘」持殿一□比丘」山中秩」名現大德宋□□□堂」神□比丘」大宗師道清比丘」德惟比丘」□□比丘」卞□比丘」海□比丘」□□比丘」珠□比丘」崇□比丘」□□比丘」宗□比丘」法禪比丘」就比丘」道允比丘」就□比丘」雪□比丘」坦由比丘」三學比丘」學□比丘」一元比丘」智僧比丘」只玉比丘」義宗比丘」依一比丘」弘忍比丘」坦然比丘」一杓比丘」三善比丘」道□比丘」掛佛畵□」□□比丘」□□比丘」佛像□…秩」首頭□□比丘」□浄比丘」印□比丘」勝□比丘」妙仁比丘」尙□比丘」兒士□□比丘」緣化秩」供養主釋岱比丘」浄嚴比丘」文端比丘」來生學祥比丘」善心比丘」負木金□弘俤□□□□兩主」持殿震機□□……」證明大宗師尙熙……」畵寫雲宵比丘」副化主釋坦比丘」雲旭比丘」韓□道人雪熙比丘」信一比丘」知因識紫没手有餘」座道八宗惠」願以此功德普及於一切我等與衆生等皆共成佛道」慈環比丘」智敏比丘」魏孝宗兩主」魏必□兩主」□□□兩主」

乾隆拾年乙丑四月」重修移安于」忠清道清風地□……」神勒寺」後排施主秩」嘉善呂尙」通政信悟」道日」道安」惠眠」寶閑」引勤包員祖玄」緣化秩」證明目嚴堂大禪」震基證師幻虛堂大禪」浄心」持殿穎眠」誦呪」主謙」三擇」良工」端案 自仁」別坐」呂聰」化主玉清」三剛秩」時住太爭」首□□眞」三寶道□」眞□尙□」□持□□□」別座裁□」重修化主妙…」山中秩」老德瑞□」比丘心定」比丘心進」比丘天寬」□□」三學」首□」善□」勝□」□□明湜」勝悅」呂日」靈※」尙□」浄□」法性」信日」□仁」三益」神眼」明善」覺釜」覺□」庚玉」盈□」□□」□□」快□」信□」

□心」□□」□海」□□」□□」覺□」比丘鑑 □□」□□」□□」□□」

甲寺 掛佛幀畵記銘

順治七年歲次庚寅六月日鶏龍山甲寺」奇掛佛造成于奉安」大施主 朴應世兩主」大施主李和□靈駕」婆湯大施主□春單身」普施大施主沈訓世兩主」供美大施主戒淳比丘」供養大施主朴義南兩主」普施大主崔介金兩主」大施主」丁今兩主」面金施主金雙緣兩主」朱紅大施主文敬水兩主」回莊大施主金得龍兩主」珞瓔大施主尙均比丘」重青施主權悅兩主」供養施主崔檢山兩主」鄭甲伊兩主」大施主印浩比丘」金承福兩主」金眞伊兩主」婆蕩施主姜□鐵兩主」黃永順兩主」蔡得龍兩主」日行單身」李野外兩主」黃册施主趙德立兩主」荷葉施主徐春男兩主」朴進賢兩主」李□那兩主」回莊施主宋有志兩主」燕脂施主 辛訔比丘」種德比丘」阿膠大施主朴年卜兩主」魚膠大施主千連金靈駕」眞墨施主林戒生兩主 金貴山兩主」趙戒生兩主」末醬施主朴德卜兩主」金男伊兩主」貫環施主朴水兩主」引燈京生單身」圓鏡尹承男兩主」樻施主德琳比丘」腹莊□伊單身」次□單身」李延悅兩主」彩色施主趙龍兩主」通政大夫行□知李還兩主」朴連鶴兩主」通政大夫崔※山兩主」眞筆施主李德八路兩主」水□施主張兩主」山中大德秩」善敬比丘」雲和比丘」愼輝比丘」會海比丘」浄入所」山人大德證明信梅比丘」持殿信旭比丘」引勸正華比丘」畵員秩」山人敬岑比丘」華雲比丘」守玄比丘」應悅比丘」海明比丘」學能比丘」道元比丘」木手應天比丘」信□比丘」緣化所」別座日行比丘」供養主智焦比丘」

安心寺 掛佛幀畫記銘

順治九年壬辰四月日安心寺掛佛幀」主上殿下壽萬歲」王妃殿下壽齊年」世子邸下壽千秋」施主列目」供養大施主朴春連靈駕」黃金大施主慶□比丘」朱紅大施主士月兩主」掛佛大施主」金海□兩主」掛佛大施主桂守□兩主」掛佛施主鄭二□兩主」布施大施主吳德金兩主」□施主寶雲比丘」婆蕩大施主張受發兩主」供養施主金□立兩主」水陶黃施主敬淳比丘」供養施主李眞單身」供養施主金順良兩主」供養施主□海天兩主」供養施主□海主兩主」供養施主□□戒兩主」婆蕩施主李氏兩主」婆蕩施主史禪比丘」婆蕩施主玉浄比丘」婆蕩施主金千愛兩主」婆蕩施主連□比丘」婆蕩六沛立兩主」金施主林連守兩主」金施主姜豊吉兩主」黃册施主金□立單身」石業黃施主金点兩主」□□施主金□一單身」腹莊大施主金□□兩主」□□施主朴發□兩主」末醬施主裵□□兩主」□□施

主尹□□兩主」灯燭施主崔己□兩主」□□施主金□□兩主」證明□□比丘」畵員秩□謙比丘」德熙比丘」智性比丘」眞恚比丘」信律比丘」三印比丘」敬元比丘」明戒比丘」惠日比丘」緣化秩」供養主信圭比丘」懷敏比丘」來往鄭吉含兩主」別座性海比丘」韓善淸信居士化主張愛男兩主」引勸居士安秋仁兩主」

興天寺 掛佛幀櫃銘文

靈山廓大施主」京城內中部慶幸坊校洞居住」夫人丙辰生洪氏保體身病消滅」童子庚午生李龍孫福壽命長願」引勤」淸信女壬午生申氏本一行」淸信女辛丑生孫氏大慧心」極樂發願」化主」海翁堂比丘法船」

浮石寺 掛佛幀畵記銘

乾隆拾年乙丑四月日掛佛幀安于浮石寺」

施主秩」平安道殷山南面火石里居婆幀綵色後排發願碩」大施主幼學林根杓兩位保體」供養普施大施主通政斗相保體」…………

緣化秩」證明」名現大禪月岩堂震基保體」名現大禪幻虛堂詳心保體」誦呪」比丘□根保體」比丘□謙保體」智香」比丘月照保體」比丘三澤保體」

畵員秩」良工引勤謙瑞氣」比丘祖玄保體」通政湫根保體」嘉善□玉保體」尙允保體」宇琉保體」自仁保體」順義保體」喚□保體」彩鵬保體」行鵬保體」自秋保體」覺淳保體」都監」比丘斗想保體」比丘玉應保體」負木」自淸保體」來性」三修保體」化主」□善道人比丘沃淸保體」

通度寺 掛佛幀櫃銘文

乾隆五十七年壬子十一月初八日奉安于」鷲栖山通度大雄殿」掛佛獨辦大施主花峯堂偉札」觀音尊像改金獨辦大施主喚庵取學」三藏幀獨辦大施主日峯堂遇旻」緣化秩 證師景波偵心」洗月性寬 枕虛守一」一指定誼 良允」誦呪 敬請良工兼化主指演」畵師良工二十二員各各保體」作櫃片毛泰雄」虛益」……

七長寺 掛佛幀櫃銘文

康熙四十九年庚寅五」月日坦明比丘爲」母獨辨造成靈山會」掛佛幀及入盛櫃留于」七賢山 七長寺」

磧川寺 掛佛幀畵記銘

康熙三十四年乙亥四月日」功畢安于清道地磧川寺」而相佛圖畵時各樣施主」名錄于后」波蕩獨辨施主鄭役敏」鄭氏繼良」金氏召央」綵色獨辨大施主權繼春靈駕」權鷺武靈駕」後排大施主」比丘雲談」徐應凱兩主靈駕」圓鏡洛纓兼大施主金白伊兩主」供養大施主普甘比丘」供養大施主海宗」供養大施主鄭日祥兩主」供養大施主鄭起連兩主」供養大施主梁元星兩主」布施施主梁哲文兩主」……

竹林寺 掛佛幀畵記銘

天啓二年壬戌十一月十七日竹林寺」崔中掛佛世尊幀」基布大施主高任吉兩主」供養大施主□知高龍兩主」饌物大施主至善比丘」施主勝彥比丘」韓夢義兩主」鄭仁□□□」圭辟□□□」證明 愼受」畵士 首印」信軒」別座 一元比丘」玉□比丘」敬連比丘」大功德主 慧恩比丘」

仙岩寺 掛佛幀畵記銘

大施主秩」供養大施主嘉善大夫烱初比丘」婆幀太施主通政大夫李碩山兩主」後排大施主嘉善大夫碩浩比丘」大施主嘉善大夫姜淡善兩主」大施主吳康五兩主」供養大施主幼學朴昌茂兩主」基布大施主洪益周兩主」大施主通政大夫金宇寬兩主 」大施主嘉善大夫金成彩兩主」基布大施主清信居士月慧保體」大施主嘉善大夫鄭致東兩主」後□大施主李進三兩主」大施主崔興連爲母許氏保體」大施主金氏点介兩主」大施主嘉善大夫朴元伯兩主」供養大施主通政大夫金重善兩主」重浩兩主」大施主大禪師寺尋鵩比丘」大施主嘉善大夫志淳比丘」大施主通政大夫陟聰比丘」大施主聽蹟比丘」大施主全時同兩主」大施主呂聖觀兩主」基布大施主方弼祐兩主」大施主戒俊比丘」崔柱天單身」施主裵遇善兩主」李順德兩主」性修比丘」通政大夫闊鵬比丘」通政大夫陟蓮比丘」

通政大夫陟逸比丘」通政大夫陟□比丘」金應兌兩主」居士善悟兩主」香供養就眼比丘」曺萬興兩主」供養施主允密比丘」震草比丘」進海比丘」嘉善大夫太顚比丘」嘉善大夫七卓比丘」通政大夫抱仁比丘」通政大夫順心比丘」權興守兩主」活烱爲母田氏保體」崔柱天兩主」李氏單身」金萬寶兩主」金石眞兩主」李具眞兩主」金大秋兩主」居士般若」白元才爲母林氏」秋漢徵爲母金乇」金石宗爲母金氏」李厚栽兩主」居士明善明信」金之行兩主」金氏單身」徐氏鳳丹」明斗標兩主」施主妙察比丘」李厚伯兩主」吳夢文兩主」秋夢文兩主」吳氏每陽單身」居士信觀兩主」李孟才單身」金氏鳳眞」感雄爲父鄭石井兩主」居士月明兩主」居士積雲兩主」居士壽山兩主」施主燭淳比丘」會淳比丘」竺鵬比丘」處士勝元勝蓮花」居士守澄守行」崔厚清兩主」李孟才兩主」朴來聖兩主」宣聖元兩主」通政大夫瑞策比丘」志坦比丘」居士次英保體」活益比丘」哲淳比丘」月浄比丘」作訓比丘」陟訓比丘 直青爲父金善萬」李有恒」李枝昌」李興昌」居士若天」居士坦信」高氏單身」金遇三」尹大善」

施主靈駕秩」大施主宣儀哲兩主靈駕」崔興連爲亡父震善靈駕」鄭虎成爲亡母金氏靈駕」金嵩爲亡父世寶靈駕」崔鳳爲亡父善弼靈駕」文德重靈駕」李氏爲亡父明德老靈駕」陟□亡父權五龍兩主靈駕」鵬逸爲亡母金氏愛春靈駕」湜明爲亡師肯眞靈駕」比丘宗玄靈駕」法澄靈駕」朴順伯靈駕」比丘學仙靈駕」習明爲亡母李氏以德靈駕」幻心爲母李氏鳳月靈駕」敬鑑爲亡父李上仁靈駕」與性爲亡父金八善靈駕」善覺爲亡母朴氏龍禮靈駕」守仁爲亡父申建□靈駕」朴氏順善靈駕」金愼只靈駕」一仁爲亡父安時眼兩主靈駕」一玄爲亡母張氏頭業靈駕」直明爲亡父權順意兩主靈駕」喜蓮爲亡父趙龍行靈駕」演活爲亡父徐呂致靈駕」比丘一雨靈駕」照心爲亡父河進弼靈駕」李德三爲亡母金氏布禮靈駕」李星弼靈駕」感元爲亡父白思見靈駕」鵬逸爲亡師任最靈駕」金乃有爲亡父金自元靈駕」處士大蓮華靈駕」各各靈駕往西方速西方」

施主大禪師秩」碧川堂大師察平比丘」霽月堂大師巨□比丘」普應堂大師偉鼎比丘」霜月堂大師璽篈比丘」楓巖堂大師世察比丘」牧庵堂大師貫璣比丘」智月堂大師淡空比丘」虎浚堂大師一俊比丘」觀松堂大師守憲比丘」龍巖堂大師增庸比丘」無照堂大師八晶比丘」大谷堂大師趣闊比丘」太虎堂大師贊彥比丘」興谷堂大師正眼比丘」靈默堂大師卓俊比丘」幻海堂大師彩贇比丘」雲月堂大師肅瑕比丘」中庵堂大師慕勤比丘」月谷堂大師定心比丘」城岩堂大師□慧比丘」熬岩老堂大師孟一比丘」

山中老德秩」任白比丘」嘉善大夫七卓比丘」鳳雲比丘」興朋比丘」棠悟比丘」通政大夫鳳梧比丘」抱機比丘」號安比丘」朱浩比丘」抱天比丘」次還比丘」抱雄比丘」抱玄比丘」瑞宗比丘」通政大夫順心比丘」

前啣秩」嘉善大夫七卓比丘」通政大夫抱仁比丘」廣贊比丘」通政大夫端策比丘」應洙比丘」通政大夫陟蓮比丘」通政大夫志淳比丘」通政大夫陟聰比丘」通政大夫陟和比丘」通政大夫陟逸比丘」通政大夫陟□比丘」志坦比丘」住持通政闊鵬比丘」三綱」

尙學比丘」善學比丘」默海比丘」記室感洪比丘」

乾隆十八年癸酉十月日新畵成」掛佛靈山教主釋迦牟尼佛萬德尊相幀」

緣化秩」證師普應堂大禪師偉鼎比丘」霜月堂大禪師璽篈比丘」觀松堂大禪師守憲比丘」持殿」等性比丘」誦呪」瑞隻比丘」醉惺比丘」文印比丘」獨存比丘」硯連比丘」龍海比丘」信和比丘」幻心比丘」宗輝比丘」定印比丘」快澄比丘」敬感比丘」致閑比丘」隱□比丘」金魚」致閑比丘」來淳比丘」慕英比丘」特彥比丘」畵師」即珱比丘」月桂比丘」鳳察比丘」策花比丘」成坦比丘」快慧比丘」快允比丘」印戒比丘」供養主」開稔比丘」弘信比丘」性澄比丘」供饋人」燭天比丘」念賞比丘」性俶比丘」敬學比丘」察雲比丘」感雲比丘」出明比丘」證淑比丘」覧活比丘」覧淑比丘」利聰比丘」遠清比丘」戒活比丘」浄桶」性眞比丘」大都監志淳比丘」別座」教學比丘」大化主」丕賢比丘」興卓比丘」來寬比丘」清心比丘」

佛紀二千七百八十六年十月日」

掛佛後面銘文

東上室」養性庵」滿月堂」地藏庵」禪助庵」白蓮臺」極樂殿」消□殿」彌陀殿」雲水庵」毘盧庵」修道庵」大乘庵」日出庵」露集堂」金水庵」香爐庵」白蓮庵」大覺庵」堂司房」無憂殿」獨樂堂」背面堂」寂默堂」

開巖寺 掛佛幀畵記銘

乾隆拾肆年己巳六月日扶安縣」地西嶺楞伽山靈山掛佛幀奉」安于開巖寺」奉爲」

主上殿下壽萬歲」王妃殿下壽濟年」世子邸下壽千秋」基布大施主李貴悅兩主」爲父母李尙白李貴□兩主」綵色大施主居士信英信六兩主」供養大施主金氏鷺梅單身」供養大施主母朴氏瑞玉單身」徐氏有體單身」通政洪右白兩主」繭絲大施主全起蓮兩主」供養施主大施主□頂比丘」日英比丘」覺熙比丘」戎淳比丘」贊堅比丘」性眞比丘」日玄比丘」惠浄比丘」處雄比丘」快單比丘」處達比丘」智祭比丘」□演比丘」尹尙浚兩主」金□同單身」崔尙位兩主」金德宗兩主」李起完兩主」金厚宗兩主」朴順起兩主」張惡金兩主」宋義鳳兩主」申生兩主」李時萬兩主」金白蓮兩主」金氏班尙」洪善伊兩主」呂虎德兩主」舍堂白蓮單身」徐奉□兩主」金黃小兩主 李聖華兩主」李翼彩兩主」姜白恒兩主」尙起母金氏」河受圖兩主」朴致温兩主」李亨兩主」金閏夏兩主」金　龍兩主」徐萬宅兩主」李同花兩主」金召史單身」李德昌兩主」朴敏惠兩主」李時華兩主」金石堅兩主」李時芳兩主」李時光兩主」李時傑兩主」朴校蕃兩主」李白□兩主」李氏」崔以大兩主」李八鉉兩主」李善朋兩主」李善徵兩主」申自敏兩主」徐白明兩

主」裵兩主」崔時男兩主」孫相膾兩主」書記大鵬兩比丘」

供養大施主秩」李斗贊兩主」金自興兩主」李應瑞兩主」李震芳兩主」宋億仁兩主」李山仲兩主」金奉山兩主」萬眞比丘」金乭生兩主」金石萬兩主」處士朋信」舍堂天玉」張浲朋兩主」崔奉兩主」金萬眞兩主」鄭夢治兩主」宋有芳兩主」崔明兩主」李太昌兩主」趙赤奉兩主」崔應天兩主」金善伊兩主」金萬九兩主」朴順行兩主」文尙起兩主」張有發兩主」金善宗兩主」李云兩主」裵行道兩主」金愛金兩主」朴道先兩主」朴枝昌兩主」趙善安兩主」任厚宗兩主」李元生兩主」金進昌兩主」申孫兩主」文同儒兩主」林日鏡兩主」

緣化秩」持殿」道演比丘」清信比丘」證明」處寬比丘」誦呪秩」理熙比丘」呂訓比丘」智察比丘」贊文比丘」金魚」尊宿義兼比丘」永眼比丘」敏熙比丘」好密比丘」印影比丘」冠性比丘」太聰比丘」色敏比丘」覺岑比丘」奉靈比丘」定仁比丘」好靈比丘」宇恩比丘」洪養主覺眞比丘」道裨比丘」孟無比丘」

老德秩」海祥比丘」日英比丘」性梅比丘」宇澤比丘」覺熙比丘」法明比丘」一戎比丘」寶玉比丘」□岺比丘」致敬比丘」華修比丘」應□比丘」但比丘」三綱」濤性比丘」回悅比丘」太旹比丘」住持」處建比丘」化主」贊益比丘」居士法寬」大都監」元侃比丘」大化主楚仁比丘」別座 清禪比丘」金香伊兩主」河兼兩主」片手」完明」

龍興寺 掛佛幀畵記銘

康熙二十三年甲子五月十三日」幀佛大施主」主上殿下壽萬歲 王妃殿下壽齊年」世子邸下壽千秋」

金乭金伊兩主」李戒朴兩主」貴代單身」申命哲兩主」林心洚兩主」金會英兩主」鄭水生兩主」梁士男兩主」張種金伊兩主」朴武仁兩主」崔愛卜兩主」金卜龜兩主」李命龍兩主」金自順兩主」金自命兩主」裵處龍兩主」尹英龍兩主」崔成吉兩主」朴海立兩主」崔順京兩主」安己金伊兩主」夢和單身」貞介單身」朴己生兩主」尹尙卜兩主」洪臥岩廻兩主」九月兩主」梅香單身」命春單身」日月單身」金□伊兩主」梁金奉良主」全普己兩主」尹龍業兩主」崔率伊兩主」金德龍兩主」鄭順山兩主」崔萬卜兩主」□春兩主」日和兩主」種□兩主」金萬兼兩主」金必男兩主」尹應彩兩主」洪阿斤兩主」雲民比丘」海宗比丘」印和比丘」一帶單身」戒還比丘」弘照比丘」敏悟比丘」敏澄比丘」智悅比丘」韓英金兩主」成業同兩主」□女兩主」朱先男兩主」朴□卜兩主」朴浚男兩主」李貫家兩主」李種卜兩主」

本寺秩」裕信比丘」能習比丘」學眞比丘」能悅比丘」思祐比丘」宗學比丘」道仁比丘」學仁比丘」回簡比丘」道清比丘」明識比丘」明浄比丘」克民比丘」杜浄比丘」懶蹟

比丘」法性比丘」康寧比丘」熙聖比丘」敏森比丘」敬連比丘」戒和比丘」智悅比丘」持殿」宇嚴比丘」三剛」戒還比丘」首僧」捧心比丘」

緣化秩」證明」胎影堂 神鏡」持殿宗現比丘」畵員秩」印圭比丘」宗稹比丘」就鑑比丘」禪楫比丘」廣日比丘」

供養主秩」戒修比丘」善林比丘」善欽比丘」來往」處玉比丘」別坐」曇竺比丘」化主」弘治比丘」

海印寺 掛佛幀畵記銘

光緖十八年壬」辰閏六月□」十日點眼十□」奉安」證明相虛慧□」貫虛天日」應海紀□」誦呪」花月志□」豊山善文」明星仙園」首座琪□」持殿」敬松琪□」金魚」瑞庵典琪」友松來□」出草片毛」沙彌斗明」正建」文性」大洪」太一」一元」英元」暘雲」成浩」性喜」尙昨」萬壽」別座」永祐」都監」鏡庵」仁性」化主」梵雲就守」圃雲定守」

山中大德秩」淵繼師賢」信海瑞章」又惺宥還」禮峰平信」□峰鶴在」德庵尙律」律庵輔仁」相虛慧造」應淡大炫」德峯尙眞」信庵琪眞」圃雲定守」寬許以官」香雲準萊」敬龍鶴于」學明道一」清蓮夏水」漢應普于」修庵圭一」普明琪炘」鏡龍仁□」雲化漢悟」錦湖咏基」友松來□」幻雲應相」桂雲永閑」海耕法牛」浩城尙敏」晦山典旻」友雲善舟」鏡明肅寅」齊山智和」獨辦大施主」乙未生朴文煌」坤命壬寅生高氏」子壬戌生基福」丁卯生基烽」癸酉生基敦」乙亥生基享」癸未生古味」生前壽福 死後浄土.」

道林寺 掛佛幀畵記銘

主佛大施主玉祀單身」左輔處大施主金海卜兩主」右輔處大施主順集兩主」基布大施主梁仁立兩主」臣乃單身」基布大施主許應立兩主」供養大施主李順注兩主」布施大施主金起卜兩主」布施大施主金海玉兩主」朱紅大施主金厚上兩主」眞彩大施主金己奉兩主」春代兩主」梁得□兩主」荷葉大施主雙日比丘」黃丹大施主孫大三兩主」供養施主漁春靈駕」茹□大施主玉陽單身」供養大施主金應龍兩主」米醬大施主春花單身」食鹽大施主王奉兩主」禹士臣兩主」□米大施主莫春兩主」山中大德三印比丘」天印比丘」三綱憲悟比丘」明善比丘」戒英比丘」綠化秩」證師道云比丘」持展守日比丘」畵員戒悟比丘」三眼比丘」信均比丘」供養主惠浄比丘」日圓比丘」都大別座雷□比丘」大德化士金海龍兩主」

康熙二十二年四月一谷城動」樂山道林寺掛佛幀」

빛깔있는 책들 103-12

괘불

글, 사진 / 윤열수
발행인 / 김남석
발행처 / 주식회사 대원사

편집이사 / 김정옥
전　무 / 정만성
영업부장 / 이현석

첫 판 1쇄 —1990년 1월 15일 발행
첫 판 5쇄 —2000년 5월 30일 발행
재 판 1쇄 —2011년 7월 30일 발행

135-940 서울 강남구 일원동 일원동 640-2
전화번호/(02) 757-6717~9
팩시밀리/(02) 775-8043
등록번호/제 3-191호
http://www.daewonsa.co.kr

잘못된 책은 서점에서 바꿔 드립니다.

책값/8500원

Daewonsa Publishing Co., Ltd.
Printed in Korea(1990)

ISBN 89-369-0051-X 00220

빛깔있는 책들

민속(분류번호: 101)

1 짚문화	2 유기	3 소반	4 민속놀이(개정판)	5 전통 매듭
6 전통 자수	7 복식	8 팔도 굿	9 제주 성읍 마을	10 조상 제례
11 한국의 배	12 한국의 춤	13 전통 부채	14 우리 옛 악기	15 솟대
16 전통 상례	17 농기구	18 옛 다리	19 장승과 벅수	106 옹기
111 풀문화	112 한국의 무속	120 탈춤	121 동신당	129 안동 하회 마을
140 풍수지리	149 탈	158 서낭당	159 전통 목가구	165 전통 문양
169 옛 안경과 안경집	187 종이 공예 문화	195 한국의 부엌	201 전통 옷감	209 한국의 화폐
210 한국의 풍어제	270 한국의 벽사부적			

고미술(분류번호: 102)

20 한옥의 조형	21 꽃담	22 문방사우	23 고인쇄	24 수원 화성
25 한국의 정자	26 벼루	27 조선 기와	28 안압지	29 한국의 옛 조경
30 전각	31 분청사기	32 창덕궁	33 장석과 자물쇠	34 종묘와 사직
35 비원	36 옛책	37 고분	38 서양 고지도와 한국	39 단청
102 창경궁	103 한국의 누	104 조선 백자	107 한국의 궁궐	108 덕수궁
109 한국의 성곽	113 한국의 서원	116 토우	122 옛기와	125 고분 유물
136 석등	147 민화	152 북한산성	164 풍속화(하나)	167 궁중 유물(하나)
168 궁중 유물(둘)	176 전통 과학 건축	177 풍속화(둘)	198 옛 궁궐 그림	200 고려 청자
216 산신도	219 경복궁	222 서원 건축	225 한국의 암각화	226 우리 옛 도자기
227 옛 전돌	229 우리 옛 질그릇	232 소쇄원	235 한국의 향교	239 청동기 문화
243 한국의 황제	245 한국의 읍성	248 전통 장신구	250 전통 남자 장신구	

불교 문화(분류번호: 103)

40 불상	41 사원 건축	42 범종	43 석불	44 옛절터
45 경주 남산(하나)	46 경주 남산(둘)	47 석탑	48 사리구	49 요사채
50 불화	51 괘불	52 신장상	53 보살상	54 사경
55 불교 목공예	56 부도	57 불화 그리기	58 고승 진영	59 미륵불
101 마애불	110 통도사	117 영산재	119 지옥도	123 산사의 하루
124 반가사유상	127 불국사	132 금동불	135 만다라	145 해인사
150 송광사	154 범어사	155 대흥사	156 법주사	157 운주사
171 부석사	178 철불	180 불교 의식구	220 전탑	221 마곡사
230 갑사와 동학사	236 선암사	237 금산사	240 수덕사	241 화엄사
244 다비와 사리	249 선운사	255 한국의 가사	272 청평사	

음식 일반(분류번호: 201)

60 전통 음식	61 팔도 음식	62 떡과 과자	63 겨울 음식	64 봄가을 음식
65 여름 음식	66 명절 음식	166 궁중음식과 서울음식		207 통과 의례 음식
214 제주도 음식	215 김치	**253** 장醬	**273** 밑반찬	

건강 식품 (분류번호 : 202)

105 민간 요법 181 전통 건강 음료

즐거운 생활 (분류번호 : 203)

67 다도 68 서예 69 도예 70 동양란 가꾸기 71 분재
72 수석 73 칵테일 74 인테리어 디자인 75 낚시 76 봄가을 한복
77 겨울 한복 78 여름 한복 79 집 꾸미기 80 방과 부엌 꾸미기 81 거실 꾸미기
82 색지 공예 83 신비의 우주 84 실내 원예 85 오디오 114 관상학
115 수상학 134 애견 기르기 138 한국 춘란 가꾸기 139 사진 입문 172 현대 무용 감상법
179 오페라 감상법 192 연극 감상법 193 발레 감상법 205 쪽물들이기 211 뮤지컬 감상법
213 풍경 사진 입문 223 서양 고전음악 감상법 251 와인 254 전통주
269 커피

건강 생활 (분류번호 : 204)

86 요가 87 볼링 88 골프 89 생활 체조 90 5분 체조
91 기공 92 태극권 133 단전 호흡 162 택견 199 태권도
247 씨름

한국의 자연 (분류번호 : 301)

93 집에서 기르는 야생화 94 약이 되는 야생초 95 약용 식물 96 한국의 동굴
97 한국의 텃새 98 한국의 철새 99 한강 100 한국의 곤충 118 고산 식물
126 한국의 호수 128 민물고기 137 야생 동물 141 북한산 142 지리산
143 한라산 144 설악산 151 한국의 토종개 153 강화도 173 속리산
174 울릉도 175 소나무 182 독도 183 오대산 184 한국의 자생란
186 계룡산 188 쉽게 구할 수 있는 염료 식물 189 한국의 외래 · 귀화 식물
190 백두산 197 화석 202 월출산 203 해양 생물 206 한국의 버섯
208 한국의 약수 212 주왕산 217 홍도와 흑산도 218 한국의 갯벌 224 한국의 나비
233 동강 234 대나무 238 한국의 샘물 246 백두고원 256 거문도와 백도
257 거제도

미술 일반 (분류번호 : 401)

130 한국화 감상법 131 서양화 감상법 146 문자도 148 추상화 감상법 160 중국화 감상법
161 행위 예술 감상법 163 민화 그리기 170 설치 미술 감상법 185 판화 감상법
191 근대 수묵 채색화 감상법 194 옛 그림 감상법 196 근대 유화 감상법 204 무대 미술 감상법
228 서예 감상법 231 일본화 감상법 242 사군자 감상법 271 조각 감상법

역사 (분류번호 : 501)

252 신문 260 부여 장정마을 261 연기 솔올마을 262 태안 개미목마을 263 아산 외암마을
264 보령 원산도 265 당진 합덕마을 266 금산 불이마을 267 논산 병사마을 268 홍성 독배마을